大使が語るジョージア

観光・歴史・文化・グルメ

ティムラズ・レジャバ
ダヴィド・ゴギナシュヴィリ

星海社

246
SEIKAISHA SHINSHO

まえがき

駐日ジョージア大使のティムラズ・レジャバと申します。

日本のみなさまに私の故郷であるジョージアという国をより深く、広く知っていただきたいという思いから、このたび著書『大使が語るジョージア』を刊行することになりました。

初めて私のことを知ったという方も、ＳＮＳ等で私を見たことがあるという方も、どうかお付き合いのほどよろしくお願いいたします。

ジョージアという国は豊かな文化と長い歴史、美しい自然を持ち、それに魅了された人々が世界中から訪れています。

新型コロナウイルス流行直前の２０１９年には日本からの旅行者が過去最多を記録し、コロナ禍でもジョージア料理「シュクメルリ」が注目を集めるなど、日本でも近年急速に認知度が上がっています。幸いなことに、ジョージア最大の誇りの一つであるジョージアワインは、今では日本でも手に入るようになりました。

しかし、ジョージアの奥深い魅力は、まだまだ日本に伝わりきっていません。在日ジョージア大使である私は、ジョージアのさらなるすばらしさを日本のみなさまに知っていただくため、日々活動を続けています。

この本では、ジョージア大使である私ティムラズ・レジャバと、慶應義塾大学で国際政治学を研究するとともに、ジョージアの歴史や文化についての深い知識で活躍している在日ジョージア大使館専門分析員のダヴィド・ゴギナシュヴィリ博士が、ジョージア人の生の言葉でジョージアの魅力をお届けします。

本書を読んで、まず本の中でジョージアに旅行した気分になっていただき、さらに実際にジョージアに行こうと思っていただけましたら光栄です。このようにして、ジョージアに対する関心が日本中で広がっていくことが私にとっての大きな夢でもあります。

あるとき日本で、「ジョージアとはどんな国ですか?」と聞かれたことがあります。

少し考えて、私は「あつい国です」と答えました。これにはいくつもの意味があります。

まずジョージアの人々には熱があります。ジョージアに行ったことがある方なら、きっとジョージア人の熱さ、情熱的であることにはきっと同意いただけると思います。

そして歴史も厚いです。紀元前の遺跡も多数発掘されていますし、世界で最初にワインを作った国だと言われています。

さらに地理的にも厚い、密度が濃いんです。北海道と同じくらいの面積の国に、5000メートル級の山から洞窟、砂漠まで多種多様な自然環境が詰まっています。

そして最も強調したいのが「ジョージアのおもてなしは本当に厚い」ということです。

おもてなしの精神はジョージアでは古くから大切にされてきました。昔からさまざまな文学作品の中でおもてなしの精神が説かれていますし、ジョージアの文化をよく見ると、ブドウというジョージアのシンボルを中心に、おもてなしに合うように設計された文化であることが分かります。ジョージア人にとって文化とは自分たちだけのものではなく、お客さんにどう見えるかを常に念頭に置きながら育んできたものです。それは、ジョージアは来客があって発展した国だからです。

ヴァジャ・プシャヴェラ（1861〜1915）というジョージアで愛される詩人がいます。誰もが知っている彼の有名な作品に「客と主人」というものがあります。いかにお客さんをおもてなしするかを描いたストーリー仕立てのもので、ちょっと極端なんですが、「家に入ってきた人には、どんな人にでもおもてなしをしなければいけない」と言うんですね。自分の家に来たからには、仮にどんなに恨みがあったとしてもおもてなしの心で接せよ、と。

ジョージアの究極のおもてなしは、本当にすごいでしょう。

なぜプシャヴェラがおもてなしを善だと語ったか。その背景には、人間は他人の心中を完全には見通せないという考え方がありました。自分が仮に誰かを善だと思ったり悪だと思ったりしても、それが正しいとは限りません。だから自分で判断するんじゃなくて、自分はあくまで精一杯尽くして相手の存在を敬えばいい、相手に最大の敬意を払えば、それによって自分自身を立てることができるし、必ず返ってくるものがある。これが今の社会にどのくらい合っているかは一概には言えませんが、この詩が象徴するおもてなしの精神はジョージアの誇るすばらしい文化の型だと思うんです。

日本には「鶴の恩返し」という、困っていた鶴を助けたら後でお手伝いに来てくれる、おもてなしをするといいことがあるという教訓を与えてくれる昔話がありますが、おもてなしの精神を共有する日本のみなさまに、ぜひジョージアの文化を広く深く知っていただきたいのです。

話をジョージアのおもてなしに戻しますと、歴史的に見たならば、ジョージアにはいいお客さんばかりが訪れてきたわけではありません。

ジョージアが位置するコーカサス地域はアジアとヨーロッパの境界に位置し、東西の異なる価値観が衝突するためにさまざまな大国が覇権を争う舞台となってきました。過去、西はローマ帝国やビザンツ帝国、東はモンゴル帝国、南はペルシア帝国やアラブ帝国、北はロシア帝国と、あらゆる時代にあらゆる方面から侵略者が訪れました。ジョージアのほとんどの地域は過去に外敵の侵略を受けたことがあります。

しかし、困難に直面しても自分たちの文化を守ろうとするだけでなく、同時に懐深く相手を受け入れる、おもてなしをする、そういう開放的な姿勢があったからこそ今のジョージアがあるのです。いいものは取り入れる、そして昨日の敵が今日のお客さんになったときにしっかりとお迎えする、そういう精神があったからこそジョージアは国家としてのアイデンティティを保ち続け、今まで独立を保ってきたのだと思います。

ジョージアが自国への誇りと他者へのおもてなしの精神を両立していることは、その文化からも見て取れます。チョハという美しい民族衣装は火薬を収納するポケットをあしらっていますし、今では世界中で親しまれているジョージアの伝統的なダンスの中には元々は軍隊の訓練から発展したものもあったり、人に会うときの挨拶「ガマルジョバ」は日本語に訳すと「こんにちは」ですが、元の意味は「勝利を祈ります」というニュアンスを持っていたりと、ジョージア人にとって、いざというときに自国を守ろうという気概は常におもてなしと表裏一体といえるのです。幾多の困難を乗り越えて生き残るため、ジョージアは強くならざるを得なかったのです。

とはいえやはり平和が一番だというのはもちろんで、ジョージアワインを飲むときには必ず平和のための乾杯をするくらいです。

さらに私たちがお伝えしたいのは、ジョージアの住みやすさです。

ジョージアらしさとしてメディアで取り上げられる歌や踊りは毎日やっているようなものではないし、きらびやかな民族衣装も毎日着ているわけではありません。それを考えたとき、ジョージアの一番の魅力は住みやすさ、生活のしやすさだと思います。

食事はおいしくてバラエティ豊かだし、毎日ワインを楽しめます。有名な炭酸水のミネラルウォーター「ボルジョミ」があったり、地域ごとに湧き水があったりと水も豊富でおいしいです。四季があって気候もよいし、温泉もあります。大きな海洋こそありませんが、高山からビーチリゾートまでさまざまな環境がコンパクトに集まっています。自然だけでなく、都会には芸術やファッションも集まっていますよ。

人が多くにぎやかな都会から30分もドライブすれば本当に田舎の生活スタイルが残っていて、ニワトリでも飼いながらブドウを育ててスローライフを満喫できます。私が先日ジョージアに帰国したとき、首都トビリシから車で25分くらいのところにある叔父さんと叔母さんの家に泊まりましたが、そこでは広大な畑でたくさんの果物を育てていました。ジョギングしていたら牛と出会いましたが、それくらいの田舎でした。

文化や自然環境について、欲しいものや行きたいところがあったとき、すぐに目標にアクセスできるのはジョージア人にとっては当たり前で、それは外から見ると大きな魅力なのではないでしょうか。田舎暮らしをしながら都会に通勤して、都会と田舎の生活を両立している人も少なくありません。

そして国民性はおおらかでフレンドリーです。税金などの公的手続きも簡単でストレスがありません。インターネットも整備されていてノマドワーカーにも便利ですし、現時点（2023年）では日本との直行便こそないものの、世界との交通アクセスは良好です。また、物価もリーズナブルでかなり安いです。

これらの快適な生活環境はもちろん旅行にも向いていますし、中期的な滞在、長期的な出張をするにもすばらしいです。データでもジョージアの住みやすさは証明されていて、コロナ前、ジョージアを訪れる日本人は年間1万人程度でしたが、なんとそのうち約300人が長期の滞在者でした。全世界からの観光客で見ても、2019年にはジョージアを訪れた人の数はジョージアの総人口の約2倍以上、935万人を超えました。

人生の何年間かをジョージアで過ごし、生活を楽しむ中でジョージアの文化に触れていただければ、きっと貴重な経験になるはずです。私は常に、ジョージアは短期中期長期のどの滞在にも向いている場所だと皆様にお勧めしております。


さて、ここまでジョージアには本当にいろいろなものがあるというお話をしてきましたが、ただひとつ今のジョージアに欠けているものがあります。それは知名度です。

ジョージアの知名度を向上させていくために、ぜひみなさま一人一人のお力をお借りできたら本望です。

ここで少し自己紹介をしておきましょう。

私ティムラズ・レジャバは1988年生まれで、さまざまな出来事が重なった結果、今では在日ジョージア大使に着任し、ジョージアと日本の架け橋となるべく日夜活動しています。

現在のジョージアの首都トビリシで生まれましたが、そのときはまだジョージアはソビエト連邦の一部でした。1991年にはソ連が崩壊してジョージアが独立しますが、その後まもなく、私は4歳のとき日本に来ることになりました。

きっかけとなったのは、私のおじいさんがある国際会議で日本の産婦人科の先生と出会ったことです。私の家は先祖の代から生物学者の家系だったのですが、私のおじいさんは、息子（私にとっては父）がもっと実力をつけるために日本で学んだらいいのではないかと考え、その知り合った日本人、角谷先生という方に相談したのです。

ただ、eメールがない時代なのでやりとりはなかなか難しく、しばらく音信不通の状態が続きました。そんな中、角谷先生がたまたま出張で海外に出かけたときに、同じ飛行機に乗り合わせた人が「私はトビリシに行くんだ」と言っていて、角谷先生は手紙を書いてその方に託したのです。それで交流が再開し、私の一家は日本に来られることになりました。その手紙があったから私は今、ここにおります。

父は91年から広島に来て、私たち家族も後から追いかけて4年間を広島で過ごしました。外国人がとても少ない環境でジョージア人が珍しかったので、そのときから自分が外の人だという感覚がありました。その後はジョージアに戻ることもあれば、また引っ越してアメリカでも小学校時代を経験し、小学校5年生の途中からは父の仕事の関係でまた日本に戻ってきました。そこからは日本での生活が長くなりました。

日本に戻ってきた当時はまだ小学生だったので、ジョージアが何かをそこまでよく理解していなかったんです、外国生活が長かったですから。小学校6年生の日本人が「俺は日本人で、日本はこういう文化があって、自分はやっぱり日本人だ」なんてあまり考えませんよね。私も当然そうでした。ただ、日本の集団に属さない自分が何者なのかを考えることはあり、それは自分の悩みでもありました。

転機は高校2年生の夏休みでした。夏休みに1ヶ月ほどジョージアに帰る機会があり、そのときジョージアの人々や自然と触れてすごく面白いと感じてしっくりきたんです。

一時帰国を終えて日本に戻ったとき、またジョージアで暮らしてみたいと思い、親にお願いをして、1年間日本の高校からジョージアの高校に移りました。そのときにジョージア人としての自分が養われました。ちょうど自分のアイデンティティについて考えることが多い思春期に、いろいろな人と交流し、文学を読んだり混声合唱を聞いたり民族衣装に触れたりしてジョージアの魅力を再発見し、ジョージアの文化が自分になじむもので、過去とつながる自分のアイデンティティを証明するものなのだということを肌で感じたのです。つまり、それまで外国人として日本に住んでいるときに、自分に何か欠けていたものがそこで見つかった想いがしたのです。

このような経験を与えてくれたジョージアに恩返ししたい、ジョージアの魅力をもっともっとアピールして祖国に貢献したいと思って活動しているうちに、多くの紆余曲折はあったものの、気づけば駐日ジョージア大使になっていました。これは、まさに自分には夢のような天職であるでしょう。だからこそ一日も無駄にせず、この任務を最大限に活かしたいと責任を感じています。

私は20年以上、人生の半分以上を日本で過ごしていますが、ジョージアと日本の両方に住んで気づくのは、ジョージアと日本は、表現方法こそ違うものの表現したいものは一緒なのではないか、ということです。

例えばジョージアにはスプラという数千年も続いている宴会の作法があり、しばしばおもてなしの際に使われます。いや、おもてなしの際にスプラが行われると言った方がよいかもしれません。スプラはおいしい料理とお酒が出てきますが、単に飲食を楽しんで終わりという集まりではなく、心の奥底にある言葉をお互いに引き出して人と人とがより深く理解しあうための崇高なもので、ただ乾杯をすればいいのではなく、しっかりとした流れが決められています。

一方で日本には茶道というものがあります。茶道のルーツをたどっていくと、やはりおもてなしの精神が根本にあると思います。ただお茶を味わうためだけではなく、相手を楽しませ、リラックスした中でコミュニケーションすることによって新しい発見が生まれる、それが茶道の本質ではないでしょうか。

これはほんの一例ですが、ジョージアと日本の文化は見た目こそ全く違うものの、文化や伝統を大切にする両国には共通する精神性や価値観があると思うのです。ジョージア人からしても、伝統を大事にする一方で経済的な発展を実現した日本には大きな興味と敬意を持っています。昨年、ジョージアと日本は国交樹立30周年を迎え、両国の交流を深めるさまざまなイベントが催されましたが、今後ともジョージアと日本の関係は深まっていくことでしょう。

そんな日本のみなさまに、ジョージア人の我々が感じる素顔のジョージアをお伝えすべく、ダヴィド博士と二人三脚で頑張りましたので、本書を楽しんでいただけることを願っております。

目次

第2章 ジョージアの歴史と文化を深く知る 91

第3章　日本でも楽しめる⁉　ジョージア料理の世界　141

第1章

ジョージア各地の魅力と観光ガイド

ジョージアの基礎知識

ジョージアという国の名前は近年、少しずつ日本でも聞くようになってきました。一方でジョージアの地理的な位置関係については、実はよく分かっていないという方もいらっしゃるかと思います。そのため、まずはジョージアの地理についておさらいしましょう。

ジョージアは北側はロシア、東側でアゼルバイジャン、南側でトルコとアルメニアに接していて、西は黒海に面しています。

このような立地からして、ジョージアがあるのは東ヨーロッパです……と言いたいところですが、そう言うと地理学者から反論が来るかもしれません。地理学的な観点から言うとジョージアは東ヨーロッパに属するという意見と西アジアだという意見があり、どちらとも言い切れないのです。ジョージア人の自己認識としてはヨーロッパの一部であるというアイデンティティを持っていますが、地理的には東ヨーロッパと西アジアのどちらとも断言できないのです。

ただ、私はそれがジョージアの強みだと思っています。ヨーロッパとアジアの両方にアクセスできる地理的環境にあるのがジョージアという国だからです。人の往来もそうですし、貿易にも向いています。ジョージアは外交関係が非常によくできていて、アジアに対してもヨーロッパに対しても自由貿易ができるという強みがあるんですね。ヨーロッパからアジアに文化が流れるときの窓口になるのがジョージアですし、その逆もまた然りです。

ジョージアはコーカサスという地域に位置しています。大コーカサス山脈によってコーカサス地域は北コーカサス地域と南コーカサス地域に分けられ、北コーカサスはほぼ全体がロシアに入っており、南コーカサスにジョージア、アルメニア、アゼルバイジャンのコーカサス3か国が位置しています。その地理的な中心に当たるのがまさにジョージアなのです。

あるいは、海に着目すると黒海とカスピ海の間に挟まっているという言い方もできるかもしれません。

ジョージアの国土の面積は約6万9700平方キロメートルで北海道よりやや小さいくらいです。結構こぢんまりとした国ではありますが、コーカサスという大山脈もあれば他方では海もあります。他にも砂漠まであったりして、ジョージア国内には熱帯以外のすべての気候帯が揃っています。北から南までの緯度の範囲が比較的狭い横長の形をした国で、これだけの気候の差があるのは世界的にもかなり珍しいのではないでしょうか。

国内にさまざまな気候があるので野菜や果物が豊富で、ジョージアの国を象徴する植物であるブドウは500以上の品種が育てられていますし、他にも季節ごとにリンゴやみかん、キウイなどさまざまな作物が収穫でき、食べ物の豊かさはジョージアの自慢です。また海や川などの水源も豊かですし、温泉もあります。ジョージアは温泉も有名です。

これから文化的な側面も見ていきますが、地理的な基礎事項を述べるだけでも、ジョージアが非常に豊かな国だということがお分かりいただけたかと思います。

ジョージアと日本の地理的関係をイメージすると、日本から一番近いヨーロッパがジョージアだと思っていただけばいいのではないでしょうか。

日本からジョージアには主に2つ行き方があります。トルコのイスタンブールを経由する方法とカタールのドーハを経由する方法です。いずれも15時間くらいのフライトになるので遠く感じるかもしれませんが、時差は5時間だけなので、ぜひお越しいただければと思います。

ジョージアの人口は2022年時点の最新の統計では約400万人弱で、これは四国と同じくらいの規模感です。国内にはジョージア人やアルメニア人、アゼルバイジャン人にトルコ人などさまざまな民族の人々が暮らしています。一番多いのがジョージア人で、8割から9割程度を占めています。

ジョージアの首都であるトビリシの旧市街を見ると、数百メートル圏内の至近距離にキリスト教の教会があったり、イスラーム教のモスクがあったり、ユダヤ教のシナゴーグがあったり、またキリスト教の中でもカトリックの教会もロシア正教の教会もあったりと、多くのものが共存するというジョージアの宗教的・民族的な多様性がよく分かります。

また面白いことに、トビリシのモスクは世界の中でもかなり特殊です。普通イスラーム教の人々は、シーア派はシーア派のモスク、スンニ派はスンニ派のモスクに通うのですが、トビリシのモスクはシーア派の人もスンニ派の人も一緒に礼拝するようになっています。

ジョージアは昔から東西交易の要地で、シルクロードを含めて色んな貿易ルートがジョージアを通っており、その中で多くの民族と宗教が入り混じっていた地域になっていました。ジョージアのおもてなしの精神に触れて、暮らしやすいと思って外から住み着いた人も少なくないのではないかと思います。19世紀に南ドイツからエルサレムへの聖地巡礼を目指したキリスト教の宗派の一つが、大コーカサス山脈を越えてジョージアに来たところで歩みを止め、道半ばで定住してジョージアにポテトなどを伝えたという話もあります。

とにかく、住みやすさの中で、信仰の自由はとても重要だと思いますが、ジョージアはさまざまな物事に対して寛容な国であると私は考えております。実際に我が国に来たことのある方の多くは、この点は容易に頷いていただけるのではないでしょうか。

ジョージアという国の国土や人口について、駆け足ながら見てまいりました。次はいよいよ、ジョージア各地の魅力をたっぷりお届けしたいと思います。

首都トビリシに着いたらまず温泉に

トビリシはジョージアの首都で、１００万人以上が住んでいるジョージア最大の都市です。トビリシ（თბილისი）という都市名の由来は「トビリ」（თბილი）、あたたかいという言葉で、その名の通り温かい水、つまり温泉が出ることで有名です。今、（ ）内でジョージア語を記してみましたが、ここからは現地らしさをより感じていただくため、ジョージアの言葉はジョージア語も交えつつお伝えしていきたいと思います。

　私がジョージアに帰国するとき、トビリシに到着したら長旅の疲れを癒すためにまず温泉に入ります。空港から街へ行く途中にも温泉があるんですね。ダヴィド博士も、この間ジョージアに帰ったときに真っ先に温泉に向かったそうです。みなさまもトビリシにお越しの際は、ぜひ温泉に入ってリフレッシュした後で観光を楽しんでください。おすすめは旧市街の温泉街で、古い街並みに歴史を感じることができますよ。

　ジョージアの温泉が日本の温泉と異なる点もいくつかあります。ジョージアの温泉の多くは個室になっていて友人や家族と一緒に入ります。また、日本の温泉ではよく牛乳を売っていて、お風呂上がりの一杯は格別ですが、残念ながらジョージアの温泉には牛乳はありません。ぜひジョージアの温泉にも牛乳を置いてほしいと思います（笑）。日本では主に田舎に温泉があり、まる1日かけて温泉と周囲の自然を味わうことができますが、トビリシの温泉は街の中にあって、1時間程度でカジュアルに行くようなものです。あと、市街地にあるので露天風呂もありませんね。

　トビリシの温泉についての言い伝えもあります。トビリシという都市の誕生にまつわる、トビリシの人なら、そしてジョージア人なら誰でも知っている有名なエピソードです。

トビリシの温泉（Shutterstock より、以下記載のないものは同じ）

ジョージアの王さまが狩りをしていたときに、愛していた鷹が雉を追いかけて戻ってこなかった。王さまは探して探して、熱い水の中に鷹と雉が落ちているのを見つけた。とても悲しかったけど、いい場所を発見することができたのでそこに街を作ることを決心した。

このようなエピソードです。

ダヴィド博士は、歴史学の観点からこの逸話について次のような考察をしています。この話に出てくる王さまというのは5世紀の王であるヴァフタング1世（ვახტანგ I）だけれども、トビリシという街がこの王の時代よりもっと古くからあったのは確実で、歴史的には矛盾があるように思われます。トビリシという街の歴史がどこまで遡るかは未だに調査中ですが、古代ローマ時代の温泉の遺跡が発見されていて、紀元前からあったことは間違いありません。ではなぜこのような伝説が生まれたか考えると、ヴァフタング1世は隣町のムツヘタ（მცხეთა）からトビリシに首都を変え、王座を移転させたので、その事績とこの逸話は関連があるのかもしれません。

トビリシについては他にも伝説があります。王さまが鹿を追いかけて槍で一突きしたものの、まだ体力のあった鹿は逃げていった。後を追うとその鹿が温かい泉に入っていて、泉の効果で鹿の傷がたちまち治っていたが、その鹿のおかげで温泉を発見することができたというものです。こちらはあまり知られていない話ですが、ダヴィド博士はこちらの方が好きだと言っていました。

この2つのお話、みなさまはどちらがお好きですか？

他にも、悲しいエピソードですがこんな話もあります。1795年にペルシア軍の侵略によってトビリシのほとんどすべてが破壊され、略奪されてしまうという事件がありました。それはなぜかというと、ペルシア軍のアーガー・モハンマド・シャーという将軍が病気を治すためにトビリシの温泉に入っていたものの、温泉に入っても快癒しなかったので腹が立って街を燃やしたのだそうです。これも伝承の域を出ませんが、でもこの年にトビリシが燃えたという事実はしっかり記録されています。

このように、トビリシと温泉は切っても切れない関係にあるのです。

トビリシ以外にも、ジョージアの国土は山が多いので温泉が湧いているところはたくさんあります。ただ、トビリシのように開発が進んでいるところは多くありません。他に温泉地というと、ジョージア中部のイメレティ地方（იმერეთი）にあるツカルトゥボ（წყალტუბო）という街は湯治療養で有名です。

トビリシは歴史的建築の宝庫

トビリシのメインストリートはルスタヴェリ通り（რუსთაველის გამზირი）です。通りの名前になっているルスタヴェリはジョージアの偉人です。後ほど詳しくご紹介しましょう。

地下鉄のルスタヴェリ駅を出ると、とても歴史がありそうでかっこいい建物の中にあるマクドナルドが見えまして、それがルスタヴェリ通りの目印です。ちなみに、この建物は、地下鉄の駅が近いこともあって、集合場所としてよく使われます。その逆、ルスタヴェリ通りの奥の方にはムタツミンダ（მთაწმინდა）という山があります。メインの地区はチェーン店などの商業的なカフェが多いですが、ムタツミンダ山側に行くと、傾斜が急で入り組んだ道になっていて、昔ながらの建物がたくさん残っています。そこには古い建物をリノベーションしたモダンなカフェやファッションブランドがあって、そのあたりを散歩するのは楽しいですよ。

多くの建物は19世紀後半から20世紀前半のもので、当時ジョージアで流行していたアー

印象的な建物の中にあるルスタヴェリ通りのマクドナルド

ムタツミンダとトビリシ市内

ル・ヌーヴォー建築です。この頃トビリシにはジョージア国内外のお金持ちが住んでいて、こぞって家を建てたのです。ソ連時代以降そういった豪邸は部屋ごとに分けられてマンションになって今でも使われています。

ジョージア人は歴史が好きで昔のものを大事にするので、今でもすばらしい建築が沢山残っています。トビリシのアール・ヌーヴォー建築は世界的に有名で、アール・ヌーヴォーに関心のある建築家はジョージアを訪れたいと必ず言うほどです。豊富なミネラル分を含む鉱水で有名なボルジョミ（ბორჯომი）には、エッフェル塔で有名なエッフェルに発注して建てたエッフェル橋というのもあり、今でも使われています。

トビリシにはアール・ヌーヴォーだけでなく

エッフェル橋

さまざまな時代や国、民族の建築があります。ルスタヴェリ通りから少し歩くとソ連時代の巨大なスターリン建築があり、さらに少し行って川を渡ったマルジャニシュヴィリ通り（მარჯანიშვილის ქუჩა）にはドイツからの移民が住んでいて、ドイツ建築の影響もあります。そして先ほど述べたように教会やモスク、シナゴーグもある、いろいろな文化が集まってくる多様性の街なんです。

ここで、トビリシの建築を楽しむとっておきの方法をお教えしましょう。トビリシのアール・ヌーヴォー建築にはふつう美しい中庭があります。建物がマンションとして使われている場合は中庭が住人の憩いの空間になっていて、住人以外が訪れることができる公のスペースながら、そこに住んでいる子供たちが遊んだり隣人たちが宴会をしたりする場になっています。トビリシのローカルな雰囲気を知りたいという方は一度訪れてみるといいと思います。

今では生活の近代化によって中庭での集会は減ってきていますが、代わりに昔ながらの中庭をインテリアに取り込んだレストランを作るのが最新のトレンドで、おしゃれでいいものです。「ニニア・ガーデン」（Ninia's Garden）というお店は、外からは普通のマンションにしか見えないのに一歩中に入ると驚くほど美しい空間が広がっていてワクワクします。行ってみると本当に驚きますよ。知らないで通りがかっても、外観だけでは素通りしてしまうのでぜひ覚えておいてください。他にもカフェ「チュヴェニ」(Chveni)など、同じような作りのレストランはトビリシにいくつかあります。

ぱっと思い浮かんだのはこのくらいですが、ジョージアでは、そこらに普通にあるものが結構古いんです。現地の人は特に気にしていなくても、街中にある教会が5世紀や6世紀くらいのものだった、なんてことはざらにあります。トビリシなどでは高低差が激しいので、工事などで地面を掘り返すと17、18世紀頃の建物がよ

レストラン「ニニア・ガーデン」(公式 Facebook ページより)

く出てきたりします。

古い建物を保全したり開発を抑制したりという政策はそこまでされていないんですが、それでも街中でごく自然に歴史を味わえるのがジョージアの街並みだといえます。

トビリシの教会建築

トビリシには多くの教会や聖堂があるのも魅力です。その中でいくつかを選りすぐって見どころをお話ししましょう。

メテヒ教会（მეტეხის ტაძარი）は、一部は石造りで一部はレンガ造りという外観をしています。外国の方がこの建物を見ると、なぜこういう作りになっているのか不思議に感じるようです。このような外観になったのはなぜかというと、最初はすべて石造りだった教会の一部が外敵の侵攻によって破壊され、それを修復したときには当時流行していたレンガが使用されたため、石とレンガが混じっているんですね。こういう建築はジョージア人からするとごく当たり前なのですが、確かに歴史の知識がないと不思議に見えますね。建

メテヒ教会

壁の材質が異なるアンチスハティ教会の壁

造物からもジョージアの歴史の一端が見えてきます。

ロシア帝国時代にはメテヒ教会の周囲に刑務所が建てられ、教会は刑務所の中庭のようになっていました。メテヒ教会の壁をよく見てみると、刑務所に閉じこめられた受刑者の名前などが刻まれているのに気付くと思います。一時期ここにはスターリンもいたようで、スターリンが権力を握ったときにメテヒ教会を囲む刑務所は取り壊されたそうです。

ダヴィド博士の一押しは、トビリシで最も古いアンチスハティ教会（ანჩისხატი）です。6世紀に建てられて、メテヒ教会と同じく修復が施されている外観が特徴です。ソ連時代には教会を減らすという国の指令のもと温泉施設に転用されて、内部のフレスコ画などは失われてしまいました。先ほどのメテヒ教会もソ連時代は馬を留めるところとして使われていたりと、ソ連時代には多くの教会が受難の歴史をたどっています。

アンチスハティ教会は大きすぎずこぢんまりとしていて雰囲気がかわいらしく、また教会に限らず街のすべての建物の中で最も古いのがいいとダヴィド博士は言っていました。

シオニ大聖堂（სიონის ტაძარი）も歴史は古いです。シオニ大聖堂にはジョージア人にとって非常に重要な聖ニノ（წმინდა ნინო）の十字架が保管されています。聖ニノは4世紀にジョージアにやってきた聖人で、2つのブドウの枝を自分の髪で巻いて十字架を作り、キリスト教を布教しました。聖ニノのおかげでジョージアはキリスト教を受容することができたのです。ニノの没後はその十字架が大事に保存されていて、敵国がトビリシに攻め込んだときには山に隠したりといった紆余曲折を経ながら、１６００年後の今までシオニに伝えられています。この聖ニノの十字架はジョージア人にとって、キリスト教とワインやブドウとの関係を示すシンボルです。シオニ大聖堂の今の建物は最近新しく建て直されたもので他の教会より立派で、中のフレスコ画などもしっかり鑑賞することができます。

聖ニノの十字架（Wikipedia より）

サメバ大聖堂（სამების საკათედრო ტაძარი）は２００４年に完成したごく新しい聖堂で、世界でも有数の巨大な正教建築です。大きいのに加えて見やすい場所にあるので、トビリシの街のいろいろなところから見え、今では信仰の象徴になっています。ジョージア正教の総主教が公の祈りをするのもサメバです。

他にも聖ダヴィド教会（მამა დავითის ეკლესია）はムタツミンダ山の上にあり、登山鉄道で行くことができて景色がきれいなので人気があります。聖ダヴィド教会の裏手は墓地になっていて、有名な詩人をはじめとしたジョージアの偉人が眠っています。

ルスタヴェリ通りにあるカシュエティ教会（ქაშვეთის ტაძარი）はラド・グディアシュヴィリ（ლადო გუდიაშვილი）というジョージアで二番目に有名な、ジョージアのモディリアニのような独自の作風で知られる画家の描いた壁画で有名です。なお、ジョージアで最も有名でお札にも描かれた国民的画家のピロスマニについてもご紹介したい場所がありますので、後ほど改めてご説明しましょう。

ここまで見てきたように、トビリシの街にはたくさんの教会や聖堂があり、それぞれ異なった魅力があります。トビリシを訪れた際にはぜひジョージアの教会建築に触れてみてください。

トビリシの街のシンボルとは

「トビリシらしい風景とは何か」というと、温泉地の上にナリカラ要塞という古い要塞があって、さらにその奥にムタツミンダ山の上にトビリシタワー（トビリシテレビ放送タワー）

が立つのが見える、という風景が思い浮かびます。

あとは「ジョージアの母像」（ქართლის დედა）という、アルミニウムで作った巨大な像もシンボリックです。ソ連時代に作られたもので、右手に剣、左手にピアラという盃を持っていて、敵は剣で迎え、客人はワインで迎えるというジョージアの精神を表しています。

トビリシには他にも地下鉄のような巨大なインフラや頑丈な建築など、ソ連時代の建物が少なからず残っています。ソ連時代にジョージアが払った犠牲が存在するのは間違いありませんが、私はいいものはいいと率直に評価したいと思いますから、トビリシのソ連建築は普通に好きですよ。大国であったソ連の働きかけがあったからこそ、当時のジョージアのノウハウだけでは作れなかったであろう「ジョージアの母像」のような大きなものが今のトビリシにあるんです。

ソ連建築でいうとトビリシの地下鉄もありました。冷戦時代、NATO加盟国であるトルコの隣国であるジョージアに建てられたので、万一敵の攻撃があったときに避難できるように、非常に地下深くに作られています。

ジョージアの母像

トビリシの隣町、世界遺産の街ムツヘタ

先ほど、5世紀にムツヘタからトビリシにジョージアの首都が移転したというお話をしましたが、今度は昔の首都だったムツヘタについてご案内しましょう。

ムツヘタは非常に小さく、そしてとても雰囲気のある古い街です。歴史ある教会があって宗教的な首都で、日本でいうと京都に近いイメージです。トビリシからは車で20、30分くらいの距離にあります。

由緒ある古都だけにムツヘタではよくジョージア人が集会や結婚式を開くんですが、特にムツヘトバというお祭りのときにはすごいですよ。トビリシからちょっと出かける、遊びに行くのにちょうどいい距離感でもあるので、レストランがたくさんあります。

そして何より、ムツヘタには世界遺産の教会があります。

まず一つ目の世界遺産、スヴェティツホヴェリ大聖堂（სვეტიცხოველი）はジョージア人にとって宗教的に最も重要な場所です。ここにはキリストの服が埋葬されていると信じられていて、世界中から巡礼者が来ています。上空から見ると分かるんですが、このスヴ

エティツホヴェリはとにかく大きくて、なんとムツヘタの街の面積の半分近くを占めています。サメバ大聖堂が建設される前にジョージア正教の総主教がいたのもここです。

二つ目の世界遺産である6世紀に建てられたジュワリ修道院（ჯვრის მონასტერი）は街の郊外にあり、ムツヘタの町全体を見下ろすことができる場所に位置しています。山のてっぺんにあるので下から見上げても壮観です。ムツヘタや遠くからでも眺められる位置に立てられていることからもあって、歴史の中で常に最重要な教会の一つとしてジョージア人の間では崇拝されております。このことから、修学旅行の目的地としても最も人気な教会です。

もうひとつ、サムタヴロ教会・修道院（სამთავროს მონასტერი）という世界遺産の宗教施設もムツヘタにはあります。

ムツヘタ市内はそこまで大きくなく、観光におすすめのスポットはこのくらいです。

もう少し視野を広げてムツヘタ地域でいうと、ムツヘタ近郊のサグラモ（საგურამო）というところにはイリア・チャヴチャヴァゼ（ილია ჭავჭავაძე）という、「建国の父」とまで言われる近代ジョージアの偉人ゆかりのワイナリーがあります。チャヴチャヴァゼはジョージアが政治的、精神的な独立を守るために文学や思想の面で多大な功績を残した人です。

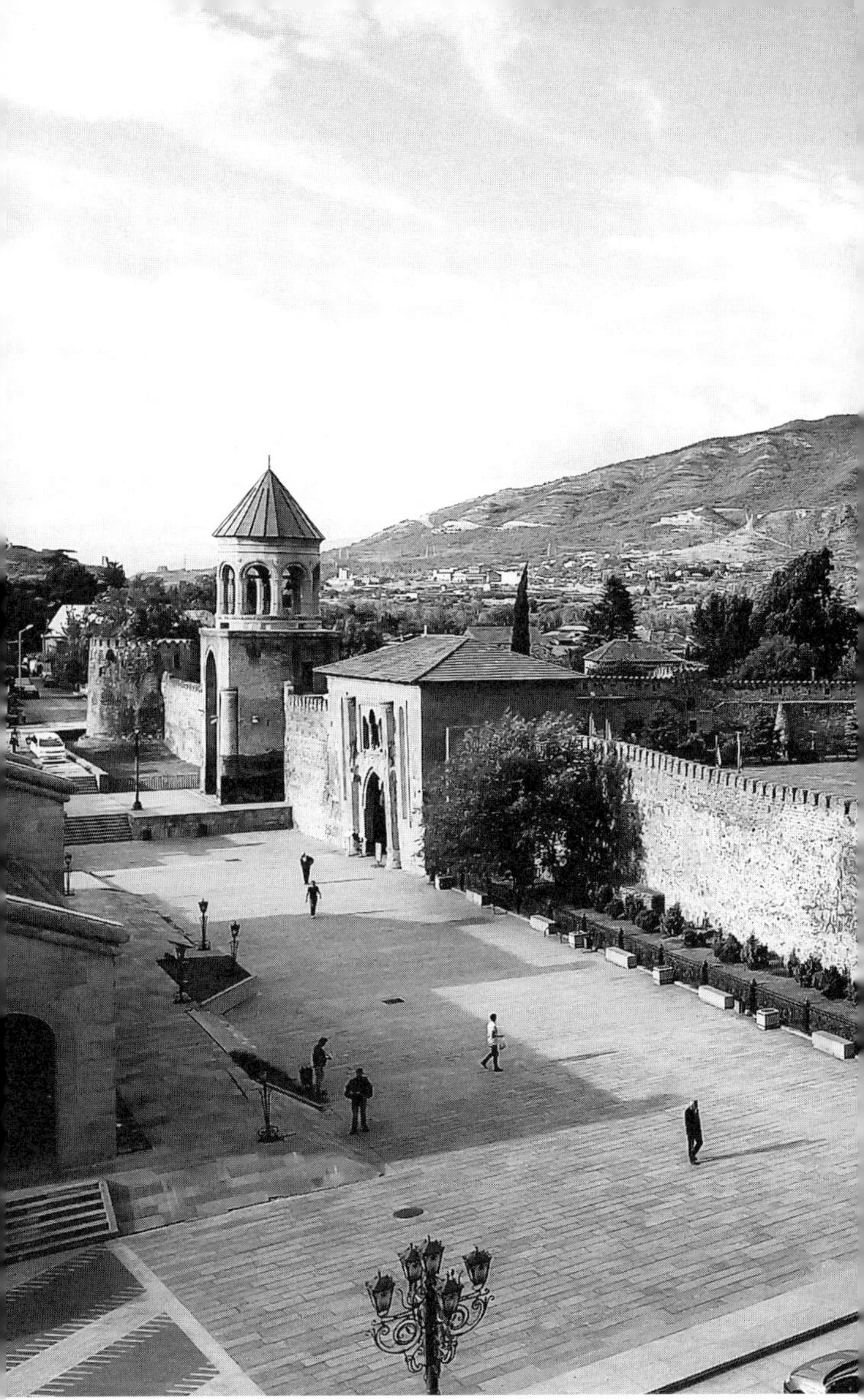

スヴェティツホヴェリ大聖堂

そこからさらに少し行ったジガウラ（ჯიღაურა）には、ブドウの苗を管理、研究する施設があります。そこでは５００を超えるジョージアの国産ブドウ品種が管理されています。中には、ジョージアのブドウ品種と共通点が多いことが近年発見された日本の甲州種も混ざっていたりします。あまり知られてはいませんが、ここはジョージアのワイン作りにとても貢献しているところです。観光客がよく行くようなところではありませんが、だからこそ行ってみると面白いのではないかと思います。

他にも、日帰りでハイキングするのにぴったりの距離にはゼダゼニ（ზედაზენი）という山があります。山頂からの景色がきれいで、トビリシとムツヘタの両方を望むことができます。

またムツヘタから10キロメートルほど何もない道を進んでいった奥地にはシオ・ムグヴィメ修道院（შიომღვიმე）があります。これは6世紀の修道院なんですが、最初は洞窟の中に作られた修道院で、修道士が洞窟で暮らしていました。その洞窟の脇に後から建物が作られていってできたのがここで、歴史が古くて建築が美しいです。

ムツヘタの観光地はこのくらいですが、最近ムツヘタにはトビリシから引っ越す人が増えています。トビリシが発展してきたり、新型コロナウイルスの影響もあって、人が多いトビリシではなくムツヘタ地域で田舎の生活を満喫するんですね。トビリシへの交通もよく歴史的な街でもあり、象徴的な教会があるという宗教的な魅力もあって、今ムツヘタは注目されています。ムツヘタを活気づけるため、特許庁などの省庁がムツヘタに移転したこともあります。

そして忘れてはいけません、ムツヘタは「角界のニコラス・ケイジ」として活躍する栃ノ心の出身地です！

もし短期のリモートワークなどでジョージアに滞在するのであれば、人や情報が集まるトビリシがいいですが、腰を据えてジョージアに住もうと考えている人に向けてはムツヘタをおすすめします。そこまで人が多くなく静かで美しく、山も川もあって自然がきれいで、そして何より世界遺産に住むことができるので最高ですよ。

ジョージア中央に位置する第二の都市、クタイシ

東西に長いジョージアのちょうど中心部に位置するクタイシ（ქუთაისი）は、トビリシに次ぐジョージア第二の都市で、ジョージアの古都であるムツヘタよりも歴史が古いと言われています。古代ギリシアのイアソンとメディアの神話「アルゴナウティカ」（「金羊毛の神話」という名前でも知られています）にクタイシが登場するのです。

この神話がどういうものかといいますと、ギリシア中の英雄たちが、当時コルキス王国（კოლხეთი）という名前だったジョージアに行って、ジョージアの宝物である金の羊毛を奪おうとします。彼らはジョージアに着くと、水の噴水、ミルクの噴水、そしてワインの噴水があることに驚きます。その場所が今のクタイシだったというのです。

クタイシの歴史を物語るのが、バグラティ大聖堂（ბაგრატის ტაძარი）とゲラティ修道院（გელათის მონასტერი）という二つの教会です。地元の人にとって馴染み深く、市内全体を見下ろすことができるクタイシの象徴といえばバグラティです。一方で街から若干離れた郊外にあり、世界遺産にも登録されていて観光客に人気なのがゲラティです。

フランスの画家ラ・フォッスが「アルゴナウティカ」の一幕を描いた絵画
『コルキスへ到着したイアーソーンとアルゴナウタイ』（Wikipedia より）

バグラティ大聖堂

ゲラティ修道院

バグラティ大聖堂は建てられた当時はジョージアで最も大きな建築物、最も大きい教会でした。作ったのはバグラト3世という王さまです。当時、隣国であるペルシアやビザンツ帝国に奪われていた領土を取り戻したバグラト3世の時代（10～11世紀）に、ジョージアの国土を奪還した象徴として国の東、中央、西の3ヶ所に大きな教会を作られたのです。その中で最も大きいのがジョージアの中心であるクタイシにあるバグラティ大聖堂です。

そのとき建てられたジョージア西部の教会は現在トルコ領になっていますが、東のアラヴェルディ修道院（ალავერდის მონასტერი）はジョージアワインで有名なカヘティ地方（კახეთი）にあり、教会がブドウ畑に囲まれている景色は美しいです。こちらも高さが約50メートルほどと大きいです。

バグラティ大聖堂は、以前は半分が破壊された状態にありました。ソ連時代の教科書で歴史を学んだダヴィド博士は、中学生のときに「バグラティはトルコの攻撃で破壊された」と教えられました。しかしソ連の崩壊後、さまざまな資料が公開された後で改めて調べてみると、トルコ人が大聖堂を要塞として使っていたときに、トルコと戦っていたロシアが砲撃で壊したことが明らかになったそうです。しかし、半壊した後も偉大な建築であることを感じさせる大きな壁が残っていて観光地として有名でした。屋根こそなかったものの、ミサや祈りの儀式を行う場として使われていました。

そして、少し前に修復作業が行われたのですが、そのときの建て直し方がよくなく、新たにエレベーターを設置したりとユネスコの指示に適さなかったので、2017年にユネスコの世界遺産から外されてしまいました。残念な出来事ですが、人によっては今のバグラティの方が好きだという意見も聞きます。

もう一つのゲラティ修道院は大聖堂としても有名で、1106年に作られました。ジョージアの歴史の中で最も偉大な王として知られるダヴィド4世建設王（დავით აღმაშენებელი）と呼ばれた王が、ビザンツ帝国をはじめとして世界各地で活躍していたジョージア人の学者たちに「ジョージアに戻って祖国の学問の発展に協力してほしい」と呼びかけて大学を作りまして、それがゲラティ修道院だったのです。ここはジョージアの文学や哲学、科学の発展に多大な役割を果たし、またこのゲラティの大学ではジョージアの歴史上初めて、明文化された法律が作られました。

ゲラティの入口には、彼自身の遺志によってダヴィド建設王が埋葬されています。「どうして入口に？」と疑問に思った方もいるかもしれませんが、これは「私は罪深い人間なので入口に埋葬されるのがふさわしい」というダヴィド建設王の謙譲の精神の表れであると伝えられています。

このように学問に縁の深いクタイシには、つい最近、2020年にクタイシ国際大学という新しい大学が設立されました。カルトゥ財団によって、教育を重んじる現ジョージア政府肝いりで作られたもので、今後ジョージアが医療やITで世界をリードするようにとの願いのもと、理系科目に特化しています。特に世界でもかなり珍しい、少なくともヨーロッパには他にない先端的で大型の粒子加速器が設置されていて、クタイシの今後はさまざまな意味で楽しみです。


クタイシはジョージアのちょうど中央に位置していて、アクセスが非常によいことも特徴です。ジョージア国内からのアクセスはもちろん、格安航空会社（LCC）が就航していてヨーロッパのいろいろな都市にすぐ行くことができます。

国のちょうど真ん中にある大都市で工業も盛んなので、日本人のみなさまには「ジョージアの名古屋です」というと分かりやすいでしょうか。

また、クタイシのあるイメレティ地方は近年ジョージアワインの産地として注目度が上がっています。昔からジョージアワインの産地として有名なのは東部のカヘティ地方ですが、栽培されるブドウ品種や土壌が違うのでまた異なる良さがあるんですよ。また、イメレティ地方はジョージアワインを作るための大きな陶器であるクヴェヴリの名産地でもあり、地域内でワイン作りが完結しているという面白さもあります。

カヘティとイメレティのワインのおおまかな特徴を申し上げますと、カヘティのワインは重く、イメレティのワインは飲みやすいと言われています。カヘティはステーキや焼肉に合わせやすいフルボディ系で、イメレティはサラダなどに合うと思います。イメレティは白ワインが特徴的ですね。

イメレティで栽培される主なブドウ品種にはツィツカ、ツォリコウリ、オツハヌリ・サペレ、アラダストゥリなどがあります。ぜひ気になるジョージアワインを飲んでみて、お気に入りを見つけてください。

ジョージア西部、黒海沿岸のリゾート都市バトゥミ

クタイシとともに、トビリシに次ぐジョージアの大きな街にバトゥミ（ბათუმი）があります。

バトゥミはジョージア西部にあり、黒海に面するリゾート都市で、夏になって海に行こうというときはみんなバトゥミへバカンスに出かけます。

それに加えてバトゥミにはもう一つの顔、国際貿易港としての顔があります。

歴史的な経緯を追いかけるとバトゥミは貿易港として、そしてジョージアが外国とつながって新たな文化が入ってくるためのヨーロッパとの玄関口としても、大きな役割を果たしてきました。

バトゥミも、クタイシのところでお話しした金羊毛の神話に登場する古い街です。ジョージアのルーツであるコルキス王国からギリシア神話の英雄たちが金羊毛の宝物を盗んだとき、金羊毛を取り戻そうとしたコルキスの人々と戦いになったのがバトゥミの近くなんですね。この戦いのあった場所には要塞ができたという記述があるのですが、そのゴニオ

要塞（გონიოს ციხე）は今でもバトゥミの近くに残っています。このお話で分かるように、バトゥミはジョージアで最も古いルーツを持つ場所の一つです。

近世にはオスマン帝国の侵略を受けてから300年ほどトルコの支配下にあり、その後はロシア帝国に併合されたりという複雑な歴史をたどりました。

バトゥミは19世紀から世界的に脚光を浴びるようになりました。アゼルバイジャンの石油を世界各国に送り出す積み出し港としての価値が発見され、世界中の資本家に注目されるようになったためで、ノーベル賞で知られるノーベルもその一人です。

バトゥミは日本との関わりも深く、一時期は

ゴニオ要塞の遺跡

バトゥミのリゾートホテル

日本の領事館も置かれましたし、それ以外の多くの国の大使館や領事館もあり、いろいろな国からの投資を受けるなどして栄えました。

また、多くの植物が育てられていることでも有名です。外国との交流の窓口だったので世界各国からの植物が集まってきて、それらを栽培すべくバトゥミ植物園ではいろいろな実験が行われていたのです。海沿いの街ながら山が近くにあったりして気候が変化に富み、多彩な植物が育つのです。

日本からも柿などが持ち込まれて栽培されましたが、中でも人気なのはみかんです。日本人がバトゥミに来てみかんを食べると「日本のみかんに似ているなあ」と感じるそうですが、それもそのはず、バトゥミのみかんは日本の温州みかんなんですよ。温州みかんはたくさん栽培されていて、バトゥミでは柑橘類の栽培も主要産業となっていて、観光業と並ぶほどです。

バトゥミの植物園には日本の庭師もいて、日本庭園を作っていたそうです。ソ連時代にバトゥミを訪れた日本人の日記に「バトゥミに着いたら、現地で日本庭園を作っていたという庭師がい

て驚いた」ということが記録されています。今でも日本風の鳥居があったりして、バトゥミは日本との縁が深い都市なんですね。

バトゥミを日本の都市に例えると、イメージとしては神戸や横浜に近いですね。古い大使館や領事館があって、今でも異人館として残っていますからね。

数ヶ月程度、リモートワークでジョージアに住んでみようという方には、クタイシやバトゥミのような中規模の都市が合っていると思います。トビリシほどガヤガヤ

バトゥミの日本庭園

していない、けれども何でもあってアクセスが良好です。実際、クタイシやバトゥミに住んでいる日本の方もいますよ。

ジョージア奥地の世界遺産の村、スヴァネティ

「ヨーロッパ最後の秘境」と呼ばれることもあるジョージアの中でも、特別に奥まった山の中にあるのがスヴァネティ（სვანეთი）です。

上スヴァネティの中世の雰囲気がそのまま残る建造物と文化的景観は世界遺産に登録されています。

スヴァネティはジョージア人にとっても秘境で、すごく遠いところです。「ヨーロッパで最も高い村」として知られ、標高が２４１０メートルもあるウシュグリ村（უშგული）もスヴァネティ地域にあります。首都トビリシから行くだけで片道10時間くらいかかるので移動だけで1日が終わってしまいますし、さらにそこから世界遺産の地域に行こうと思ったら専用の車に乗り換えないといけません。とにかく大変なところです。ジョージア人で

も行ったことのある人ばかりではありません。

でも、そういうところだからこそ地域の個性が残っていて面白いんだとも思います。一時、スヴァネティが観光ブームになったときには「昔ながらの伝統が破壊されてしまうのではないか」と心配する人もいましたが、いやいや、スヴァン人の伝統は今でもしぶとく残っていますよ。

スヴァネティがユニークな文化を持っている理由は、その民族性にあります。ジョージア人は4つのサブ民族に分けられて、その中で最も人口が多いのはカルトヴェリ人ですが、スヴァネティに住んでいるのはスヴァン人です。どちらもルーツは一緒だったのですが、時代とともに異なる言葉を使うようになって、それでジョージア人の中でも区分ができたのだという説が唱えられています。ルーツとなる言葉が一緒だったといっても、ジョージア人の私も、ジョージアの公用語とかなり離れているスヴァンの言葉は分かりません。専門家が言うには、昔のジョージアの言葉に一番近いのがスヴァン人の言葉だそうです。

スヴァネティは山に囲まれているのでスヴァン人は他地域との交流が少なく、昔の伝統がよく残っています。山岳地帯で生活スタイルが違うので何から何まで違っていて、服や踊りも料理もスヴァネティ独自のものがあります。

スヴァネティの風景

とはいえ共通点もあります。スヴァン人は他のジョージア人と宗教は同じですし、ジョージア人としてのアイデンティティも共有しています。スヴァネティの人々はスヴァネティの独立のみならず、ジョージア全体の独立のために力を尽くしてきた、尊敬すべき人たちです。ジョージアはさまざまな外敵の侵攻を受けてきましたが、都が敵に占領されるなど、有事の際に大切な宝物を隠したりするための奥地でもあったのがスヴァネティです。道路が舗装された現代でも行くだけで丸1日かかる秘境ですから、攻め込むのもとても大変なわけですね。「我々はずっと敵国に従わず、自由に暮らしてきた」というのがスヴァネティの人にとってのプライドにもなっていて、過去、スヴァネティを占領した敵は19世紀のロシア帝国だけです。そのときは激しい戦いが繰り広げられました。

スヴァネティの風景で特徴的なのは、見渡す限りどこでも塔が立っていることです。塔は人々が身を守るためのもので、監視塔として使ったり中に入って戦ったりしていました。スヴァネティの塔は日本の城と同じように、敵に向けて石を落とすための穴があったりします。

昔のジョージア人は、最も奥地に行けば敵が来ても安心して過ごすことができる、さらに防衛用の塔があればどんな敵も退けることができると考えて、スヴァネティにたくさんの塔を建てたのです。各家族ごとに塔があって、塔にくっついた家に普段は住んでいます。昔は塔と塔の間にトンネルがあって、何かあったときには行き来ができるようになっていました。

塔は古いものでは8世紀のものも残っていますが、それだけ頑丈なのはなぜかというと、自然の災害にも耐えられるようにしっかり作られているからです。スヴァネティは山岳地帯で冬には大雪が降りますので、雪崩の危険にも耐えられるよう堅固な建築である必要があったのです。敵国だけでなく、自然からも人々を守ってくれるのがスヴァネティの塔です。

スヴァネティでは、集落からそう遠くないエリアにも万年雪がありますし、真夏の8月でも雪が残っていてスキーやスノーボードができるくらいです。

スヴァネティは金属加工でも有名で、比較的大きな町であるメスティア（მესტია）にある歴史民族学博物館には昔の技術で作られた貴重な金属加工品が展示されていて、特に金細工などを見ると昔のジョージアの技術が非常に進んでいたことが分かります。

スヴァネティに伝わる、金の採取についての興味深い話が一つあります。流れている川の中に羊の毛皮を入れると、羊毛の間に金の粒、砂金が絡まるので、次の日に川から羊毛を引き上げると金が採取できるというのです。この方法で今でも砂金取りが行われているんですが、ジョージアとゆかりのある金羊毛の神話は、この「羊毛から金が取れる」という金採取の方法が伝えられるうちに変化して生まれたものではないかと言われています。

歴史の話が長くなってしまいましたが、塔が立ち並んでいる中世のような街並みの中で、あちこちを牛が歩いているのを見るだけでも、ジョージアという国の雰囲気をよく実感いただけるのではないかと思います。よく『ドラゴンクエスト』の世界に例えられますが、本当にそれがしっくりきますよ。

ちなみに、スヴァネティにはメスティア空港

特徴的な形のタマル王空港

という空港があるので、1日がかりの陸路ではなく、空路で行くこともできます。メスティア空港はクリエイティブでユニークな外観で、世界で最も美しい空港の一つと言われています。スヴァネティゆかりのジョージアの偉人であるタマル王（女王）にちなんで「タマル王《メペ》空港」という別名もあります。

飛行機の方が便利なので、できることならば飛行機で行くのもおすすめですが、天候が変わりやすくキャンセルされることもあります。空路でのツアーは組みにくいとも現地の旅行会社は言っていました。

ここまで紹介したのは、スヴァネティの中でも「上スヴァネティ」という地域です。ダヴィド博士の友人がジョージアの観光局に勤めていて、新しいリゾートを開発する仕事をしているそうですが、その人が「下スヴァネティもすばらしくて上スヴァネティに負けない良いところだよ」と言っていたと聞きました。下スヴァネティも観光客を迎えるためのプロジェクトを準備中だそうで、これからの開発が待たれます。

大使が驚いたジョージアの奥地トゥシェティ

私が去年（2022年）ジョージアに帰ったときには、旅行関係者にすすめられてトゥシェティ（თუშეთი）という地域に行きました。ここは本当にとんでもない、「ヨーロッパ最後の秘境」と呼ばれるジョージアの中でも特に奥地というべき場所で、強く印象に残りました。

未だに舗装されていない、ジョージア東部の最大の街であるテラヴィ（თელავი）から険しい道なき道を5時間ほどずっと車で行ってようやくたどり着く山の奥地で、多くのジョージア人もまだ行ったことがないところなのですが、昔ながらのジョージアの生活が今でも残っていて歴史を強く感じられます。不便なところなので人が離れていきがちでしたが、最近では観光客が来るようになったおかげでトゥシェティに戻ってくる人が増えています。

トゥシェティの人々は中央との交流が簡単ではなかったので、今でも独自の文化を持っていて、例えばトゥシェティの人々には、トゥシェティの中で豚を食べてはいけないというようなルールがあります。彼らはイスラーム教徒というわけではなく、トゥシェティの外に出たら豚も食べるのですが、トゥシェティへの豚肉の持ち込みは厳禁で、私も「豚肉を絶対に持ってこないでほしい」と言われました。トゥシェティがジョージアの中でも特にお気に入りだというダヴィド博士が経験した不思議な話によると、以前試しにトゥシェティに豚肉のソーセージを持ち込もうとしたものの、そのときは車が二度もパンクしてたどり着けず、観念して豚のソーセージを食べたらやっとトゥシェティに行けたということがあったそうです。

トゥシェティではキリスト教が入ってくる以前のシュメールの太陽信仰が残っています。この地域では、丸い形をしていて太陽をかたどった食べ物であるヒンカリ（ხინკალი）は亡くなった人の魂を西へと運ぶものだと考えられていて、スプラでヒンカリが提供されたときには亡くなった人のための乾杯をするのだと教わりました。このように、古来の世界観と密接に結びついた生活スタイルが今でも続いていてとても興味深いです。

また、自然も格別です。この地域の自然の美しさはジョージアの他の地域に比べても特別で、私はトゥシェティに着いた瞬間、普段は忙しい生活の中で忘れてしまう時の流れを思い出し、山や木や草、馬といった生態系に感謝したくなりました。

トゥシェティの風景

このトゥシェティはイラクリさん（ირაკლი）というお医者さんでも有名です。

トゥシェティは冬場は大雪で閉じこめられて身動きが取れなくなってしまうため、実質的には3ヶ月程度しか生活できず、通年で住んでいる人は今では20、30人くらいだといいます。冬は大雪で外に出られずやることがないので、その人たちはずっとお酒を飲んでいるんですが、そうなると病気になってしまいます。とはいえ雪に降り込められているので、街に出て病院に行くこともできません。

幸い1人だけトゥシェティにずっと住んでいるお医者さんがいて、それが定年退職後にトゥシェティのボチョルナ（ბოჭორნა）という村に住み着いて村のお医者さんとして活躍するイラクリ・クベダグリゼさんです。彼は80歳を超えているのですが、冬の間の村人の生活は、雪山の中を白馬に乗って往診する、そのおじいさんの医師1人にかかっているのです。イラクリさんは世界中から取材がくるような有名人で、ナショナル・ジオグラフィックの記者が、彼がどうやって人の命を救っているかを取材しにきたこともあるくらいです。

先ほどスヴァネティのウシュグリ村が「ヨーロッパで最も標高の高い村」として有名だとご説明しましたが、現在、イラクリさんがいるおかげでボジョルナ村に通年人が暮らすことができていて、「ヨーロッパで最も標高の高い村」の称号はトゥシェティのボジョルナ村にあるといえます。

みなさまもぜひトゥシェティに……と言いたいところですが、トゥシェティへの道は「世界で最も危険な道」と言われるほど道が悪く、道の途中に事故で亡くなった方のお墓をいくつも見かけたくらいです。トゥシェティに行く際はどうか必ず、信頼のおけるドライバーさんを探して行ってください。また、イラクリさんが元気なうちに彼に会いに行ってください。

軍用道路でドライブ

トビリシに近いサグラモというきれいな田舎町から延びるジョージアの幹線道路があります。それが軍用道路です。

景色がきれいで見どころが多く、ジョージアで最も有名な山であるカズベキ山（მყინვარწვერი）や、丘の上にあって絶景で有名なゲルゲティの三位一体教会（サメバ教会）を望むことができるので観光客に人気です。トビリシから少し行くとレストランや別荘がたくさんあって、さらに行くと山が見えたり空気がきれいだったりするので、トビリシの人もよく日帰りで軍用道路をドライブします。

軍用道路のルートはシルクロードの一部でもあって、昔から貿易のキャラバンが往来して、北コーカサスと南コーカサスの人々が交流したり、場合によっては争いになってしまったりする道でもありました。特に軍用道路の北側の地域は北コーカサスとの境目で、ジョージアの歴史上大事なところでした。

軍用道路は山岳地帯へと続く道なので、ジョージア料理の中でも山の料理と言われているヒンカリがおいしいレストランが道路沿いにあります。ヒンカリはジョージアの小麦料理で小籠包に近いものです。

なお、ジョージアの軍用道路の歴史は決して明るいものではありません。ロシア帝国が、南コーカサスを支配するための軍需物資を運ぶルートとして建設したのがこの軍用道路ですが、建設時には現地の人々とかなり激しい戦いが繰り広げられ、山のジョージア人が必死で住まいを守っていた、といった話が伝わっています。「軍用道路」という名前には、ジョージア人にとって悲劇的なニュアンスも込められています。

ジョージアの人々は、自らの歴史をよく知らないといけないという意識から、今でも軍用道路という名前を使い続けているのではないかと思います。

ダヴィド博士が『アレクサンドレ・カズベギ作品選』（成文社、2017年）というジョージアの小説家の作品集の解説で軍用道路について詳しく解説しているので、ご興味のある方はぜひそちらも読んでみてください。

ジョージア旅行のモデルコース、ジョージアの本当の楽しみ方

ここまで駆け足ながらジョージアの魅力をお伝えしてきましたが、実際に旅行プランを立てるにあたってのお話も少ししておきましょう。

「ジョージア観光は3日あれば十分だろう」と考える人もいるんですが、それでは残念ながら絶対に時間が足りませんし、もっと言えば行ったうちに入らないくらいです。2週間いて初めて「しっかりジョージアを観光した」といえます。

もし1週間ほどの滞在であれば、恐らくトビリシとその周辺のムツヘタ、カヘティを回るくらいでいっぱいいっぱいのスケジュールになってしまいます。都市を回るだけだったらもっと詰めることもできますが、それぞれの場所をしっかり見ようと思ったらこれ以上詰め込むのは避けた方がいいでしょう。

旅程が2週間あれば、トビリシ近辺の観光にプラスして好きな地域に行くことができる、といったところでしょうか。例えばスヴァネティやトゥシェティのような奥地は行くだけで片道1日かかってしまいますし、移動日は疲れてしまって他に何もできませんので、このくらいゆったりした日程で来られることをおすすめします。

具体的なモデルコースで言うと、例えばトビリシを拠点にした手ごろな1泊2日コースだと……昼間にトビリシに着いたとしたら、車で2時間半ほどのカズベキ山に行ってカズベキに1泊し、次の日にゲルゲティのサメバ教会を見て帰ってくる、といった行程が考えられます。同じようにトビリシ市内とムツヘタの往復や、空港からカヘティ地方に直行してテラヴィやツィナンダリ（წინანდალი）などのワイナリーに行く、といったことも1泊で可能です。

もう少し西の方に視野を広げて2泊3日くらいの日程だと、鉱水で有名なボルジョミに行って名水を使ったサウナやスパでリフレッシュした後、ボルジョミを拠点にツカルトゥボという温泉地にも行けますし、観光だと近隣にあるプレメテウスケーブという鍾乳洞や、ヴァルジア（ვარძია）という、洞窟が一つの都市になって一時は5万人以上の人が暮らしていたという遺跡を見にも行けます。この近郊だと、40メートルの高さを持つ石柱の上にぽつんと建っている修道院が有名な「カツヒの柱」（კაცხის სვეტი）も見どころです。

とはいえ私の正直な本音を申しますと、「ジョージア旅行のモデルコース」というものを作ることとは、ジョージアの楽しみ方の幅を少しばかり狭めてしまうような気もします。

ここまでご覧いただいたように、ジョージアには多彩な歴史と地形によって作られたバラエティ豊かな魅力がありますので、ぜひみなさま一人一人がジョージアを深く知って、その上でそれぞれに一番合った楽しみ方を見つけていただくのが一番よいことではないかと思うのです。

例えば「日本の自然を楽しみたい」というとき、北海道には北海道の自然の魅力、沖縄には沖縄の自然の魅力があって、どちらがより日本の自然を代表しているかは決められま

カズベキ山

ヴァルジアの洞窟遺跡

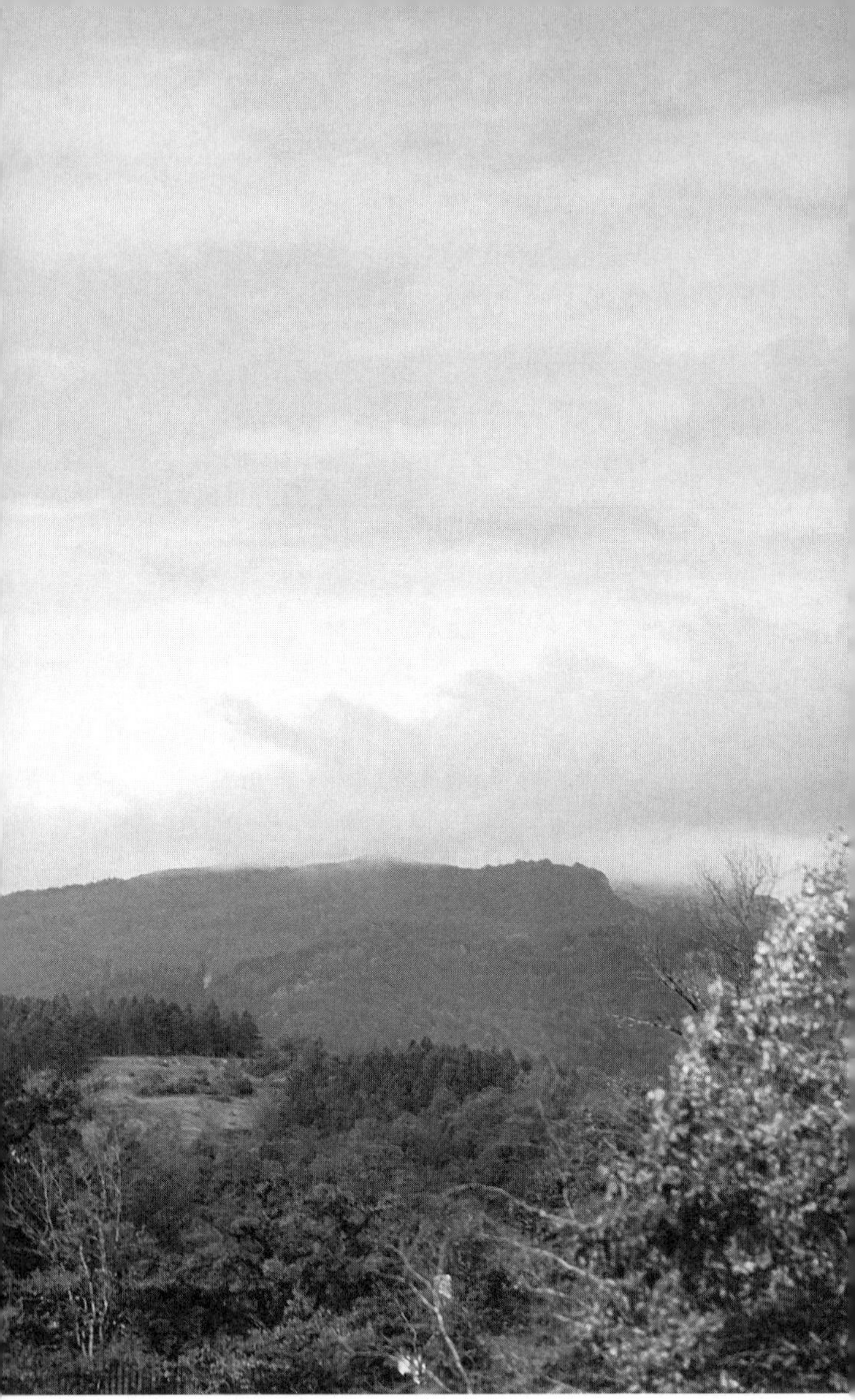

カツヒの柱

せんよね。それと一緒です。ジョージアの楽しみ方は人それぞれで、ぜひご自身でオンリーワンのジョージアの良さを発見できることを願っております。

そして、その上で私からのご提案としては、ジョージアに行ったからにはジョージアの生の生活に触れて、未だに商業化されていないジョージアの深いところにある良さに出会ってほしいと思います。

例えばジャム一つとっても、ハチャプリというパン一個であっても、家庭で作るものと売っているものでは全く違います。せっかくジョージアに来たからには、誰でもアクセスできるものではなく、現地の人と仲良くなって、それぞれの家庭に伝わる暮らしを体験してもらいたいのです。

現在ジョージアが独立して30年と少しですが、未だに商品になっていないもの、産業化されていないものの中に面白いものがいっぱいあるんです。好奇心をオープンにして、建前だけでない本当のジョージア、表から観光するだけでは見えないジョージアの奥底にある魅力をぜひ味わってください。

現地の人と交流して仲良くなるには、例えば「ファブリカ」という繊維工場をリノベしたトビリシの有名なホステルはたくさんの人が集まり、多くのイベントを行っていて、そういった場所は出会いのきっかけになると思います。ファブリカは若者のトレンドを理解するのにも最適です。他に、同じ系列の経営で印刷所をリノベしたホテル「スタンバ」もあります。

ローカルな場所で地元の人と交流し、ぜひガイドブックには載っていないジョージアの良さを知っていただければと思います。

ファブリカの内装（公式サイトより）

第2章 ジョージアの歴史と文化を深く知る

ジョージアには絵画や文学、音楽にワインなどさまざまな面で独自の文化がありますが、その特徴として、多くのものが普通の人の日常生活の延長にある点が挙げられます。歌にしても踊りにしても、限られたプロが専門的にやっているのではなく、どれも日常の中にあって多くの人に親しまれているのです。日本の文化に例えると、歌舞伎や文楽よりも盆踊りに近いというと分かりやすいでしょうか。

ジョージアの日常生活に根差したジョージアの文化と、その理解をより深めるジョージアの歴史について、ここからは見ていこうと思います。

ジョージアの文化と芸術を楽しむ

ジョージアは芸術が豊かなことでも有名で、特にトビリシは絵画、劇、オペラ、バレエ、クラシック音楽など幅広く手軽に楽しめる、芸術に触れるのに最適な街だと思います。トビリシのルスタヴェリ通り沿いには、1キロメートル圏内に劇場やオペラハウス、美術館に博物館が密集しています。

ルスタヴェリ通りにあるジョージア国立博物館の地下1階には、古代ジョージアの王国であるコルキス王国の黄金が展示されていて、一見の価値があります。そこに行くと、コルキス王国が黄金で栄えた国だったこと、そして古くから高い技術力を持っていたことがすぐに分かります。そして、他の国との交流が盛んだったことも残っている工芸品からうかがえます。

ジョージアに古くから伝わる伝統工芸には金細工やワインの他に、ミナンカリ（მინანქარი）というものもあります。日本でいうと有線七宝焼に近いものですが、ミナンカリ特有の特殊な技術があるんですね。銀と銅の合金にガラスを乗せて、色を付けて焼いて作ります。くっつきにくい素材を合わせるところに製法の秘密があるんだそうです。昔は貴重品だったのですが、今ではソ連時代に途絶えてしまった古い技術が復活してピンバッジやピアスなどのアクセサリーが作られていて、とても人気です。お土産にもおすすめです。

なお、ジョージア国立博物館が貴重な宝物を今に伝えているのには、エクヴティメ・タカイシュヴィリ（ექვთიმე თაყაიშვილი）という人の貢献がありました。彼はジョージアがソ連の一部になってしまったとき、ソ連がジョージアの伝統や歴史に対して否定的だったので、大事な宝物が危ないと予想して、たくさんの宝物とともにパリに亡命しました。その後、彼は約20年にわたってパリで生活していたのですが、非常に貧しい生活を送っていたにもかかわらず、国の宝である金貨の一枚にも手を触れず、散逸を許さなかったといいます。その後、1940年代に彼は宝物とともにジョージアに帰国したのですが、この人がいたからジョージア国立博物館は現代まで豊かなコレクションを保持できているのです。

ジョージア国立博物館のすぐ近くに、2018年に通信会社マグティコムの創業者によってオープンされたジョージア現代アート美術館があって、20世紀から現代に至る最近のアーティストの作品を一覧できます。創設者であるジョフタベリゼ・シェワルナゼ夫妻は美術品の目利きで、才能のある画家を次々と発掘しているので、ここに行くと今のジョージアを代表するいい作品がたくさん見られますよ。絵画好きは楽しめるところだと思います。

ジョージア現代アート美術館はジョージアの国会の目の前にあるのですが、すぐ近くにはまた、ジョージアで最も著名で、世界の素朴派を語る上でも欠かせない画家であるニコ・

ジョージアの文化財を守った
エクヴティメ・タカイシュヴィリ

ピロスマニ（ნიკოლოზ ფიროსმანაშვილი）の作品を見ることができる国立美術館があります。ここに行ったら絶対にピロスマニを見てください。彼はジョージアの国民にとって本当に大事な画家です。人間の感情を大切にした生き方をして、その生き方を反映した、市井の人に近い絵を描いた人です。芸術家でありながらも普通の人と同じ、庶民的で親しみやすい作風が印象的です。国立美術館には他にもグディアシュヴィリなど、ジョージアの有名な画家の作品に触れられます。

この2つの美術館を回ったら、半日くらいで最高のツアーができますよ。

ジョージア最大の画家であるピロスマニについてもっと深く知りたいという方は、ピロスマニが生まれたミルザーニ（მირზაანი）という村に行くのもおすすめです。ピロスマニ博物館があ

ピロスマニの絵画「女優マルガリータ」（ジョージア国立美術館蔵）

って、ピロスマニの絵画はもちろん、ピロスマニについて描かれた絵画も見られますし、彼が生まれ育った家も残っています。その近くにあるニコ・ピロスマニ博物館（State Museum of Niko Pirosmani）には、ピカソがピロスマニの人柄を想像して描いたピロスマニの肖像画が残っています。ピカソはピロスマニに直接会ったことはないものの、人づてに噂を聞いて彼に憧れ、「ジョージアに私の絵は必要ない、なぜならジョージアにはピロスマニがいるのだから」と語っていたという話があります。

岩波ホールで多くのジョージア映画を日本に紹介してきた画家・絵本作家のはらだたけひでさんも、最初にジョージアと出会ったきっかけはピロスマニを描いた映画『放浪の画家ピロスマニ』だったそうです。はらださんはジョージア映画を日本に広めた先駆者です。

ジョージアの文化といえば、世界無形文化遺産にも登録された民族舞踊や混声合唱も有名です。

民族舞踊は「まるでジェダイの騎士だ」と話題になった民族衣装のチョハ（ჩოხა）とも関わりが深いですし、ジョージアの混声合唱は紀元前1世紀に既にギリシアの歴史家ストラボンが記録しているなど、興味深いお話がたくさんあります。

しかしながら、民族舞踊や混声合唱は国外の公演に呼ばれていることも多く、ジョージアに行けばいつでも見られるといったものではありません。ただ、うまくタイミングを見つけることができれば故郷での凱旋公演を見られるはずです。

あるいは伝統的なスプラや結婚式などの祭事には合唱がつきものなので、何かの縁でそういった場に立ち会うことができればチャンスがあるかもしれません。ジョージアの混声合唱や民族舞踊はもともとプロが鑑賞物として行っていたのではなく、民衆が交流する中で自発的に生まれたものなので、ジョージア人にとって親しみがあるのはこういったローカルな合唱や舞踊です。

チョハを着て執務するレジャバ大使（著者ツイッターより）

私はジョージアと沖縄は似ているところがあると思っているのですが、沖縄で何かおめでたいことがあったら「バンザイ」と言ってそのまま沖縄舞踊を踊り始めるのと、ジョージアの合唱や舞踊のあり方は通じるところがあると思います。私は沖縄のそういう点は面白いな、いいなと感じます。

古城のホテルで、ジョージアの歴史を泊まって体験する

ジョージアに古い建築がたくさん残っていることは既に申し上げた通りですが、なんと古いお城や要塞に泊まることもできます。

カヘティ地方のラディソン・コレクション・ホテルは、チャウチャワゼ家という王家の私領だったツィナンダリというところに残っているお城の遺構を活用して作られた、ワインにまつわる文化に触れることのできるリゾート施設です。歴史を感じながら今の新しいレジャーも楽しめます。

ジョージア南部にはラバティ（რაბათი）という要塞があって、ここも面白いところです。要塞の中に教会もモスクもあるんです。それは、この要塞を時代によってジョージアが支配したりトルコが支配したりしていたからです。もともとジョージアがトルコと戦うために、トルコとの国境近くに作った要塞だったのですが、トルコがこの要塞を奪ったあと、いい作りだったので壊すことなく改修して使い続けました。その後でジョージアがまた奪還したら、ジョージアの手でさらに改修されて……という、地域一帯の歴史を物語る証人がこのラバティ要塞なのです。建築家が見れば、どのエリアがどの時代に作られたかは一目瞭然だといいます。ジョージア政府がこの要塞を修復した際、「モスクもこの要塞の歴史の一部なのでしっかり復元しないといけない」とモスクも再建して、今ではごくわずかながらムスリムの人もいるといいます。この要塞の中にも近代的なホテルがあって宿泊することができます。

どちらのホテルも、伝統だけでなくジョージアのモダンな側面も見ることができるのでおすすめです。

泊まれる古城・ラバティ要塞

ジョージアのワインは世界一！

先ほども少し触れましたが、ジョージア人はワイン作りを自然の一部だと捉えています。人間が何か物作りをするというよりも、自然に行われる営みに対して、その延長線上でほんの少しだけ人間が手助けをするという感覚なんです。

それはなぜかというと、ジョージアワインは工程のすべてが自然によってできているからです。秋が来てブドウが実り、果汁を搾らないといけない、そうしないと悪くなってしまうというときにブドウを収穫して、皮も種も取り除かずにそのままワインを作るための器であるクヴェヴリ（ქვევრი）に流し込んでかき混ぜる、人間がやることはそれだけです。クヴェヴリも土でできていますし、クヴェヴリは地面に埋めるので温度管理も地面がやってくれます。機械も電気も一切使わないんですよ、すごいことだと思いませんか？

このワイン製法は8000年前から伝わる世界で最も古いもので、ユネスコの世界無形文化遺産にも登録されています。ジョージアに残る最古のワイン作りの遺物は、8000年前の新石器時代の遺跡から見つかった、ワインを作っていた痕跡である酒石酸カルシウムが付着した土器ですが、実にその時代から8000年間経った今でも、そのときのワイン製法が受け継がれているのです。

　ブドウ以外には水も酵母さえも足さず、果実の水分とブドウの皮の酵母だけで作られるナチュラルなワインなので健康にいいですし、電気も火も一切使わないのでエシカルでサスティナブルです。そして、ワイン作りで出たブドウの皮や種とワインの搾りかすは、蒸留させてチャチャ（ჭაჭა）というアルコール度数の高い透明な蒸留酒になります。

　こんなお酒は世界中を探してもジョージアワインしかないでしょう。ジョージアワインは我々ジョージア人の魂そのものです。

　近年、ジョージアワインに使われるブドウの品種

8000年の歴史を持つクヴェヴリ

はぐっと増えました。

昔からいろいろなブドウ品種を使って作られてきたのがジョージアワインだったのですが、ソ連時代、原料がいくつかのブドウ品種に限定されてしまいました。しかしその後、ソ連崩壊後にブドウ品種の再発見が行われたのです。それに加えてヨーロッパやアメリカ、日本など、従来のマーケットの外でジョージアワインが注目されたことで、ワイン生産者たちが自信を持って「ワイン作りに使っていなかった珍しいブドウ品種があるから、これでワインを作ってみよう」と考えるようになりました。ジョージアでは誰もが田舎の親戚や近所の人を手伝う中でワイン作りを学んでいくので個々人がそれぞれ異なるルーツを持っていますし、村ごとに固有のブドウ品種があったりするんです。

そういう多様性が評価されるようになって、生産者が自信を持って自分なりの個性を発揮させたワインを作っているのが現在です。

ジョージアのワインは歴史が長いがゆえに新しいチャレンジも盛んで、世界で一番幅が広いと思いますよ。ブドウの品種だけでなく味も多種多様ですし、新しい実験としてオレンジワインだけでなく水色や緑色のワインなど、見た目のバラエティにも取り組んでいます。水色ワインは白ワインに赤ブドウの皮の色素を加えたもので、これも自然由来のものしか使っていません。

また、ワインをブロックチェーンに乗せて生産工程を証明する取り組みも試験的に行われています。これまではワインの売り手がしっかり説明をして工程や生産年などのワインの良さを伝えてきましたが、ブロックチェーンがあれば誰でも簡単にそのワインの詳しい情報にアクセスできるようになるのです。また、きちんと作られたワインであるという証明はモノとしての価値につながります。

ジョージアワインは今、ポテンシャルが爆発していてとても熱いです。


ワインを実際に作っているところを見学したいという方は9月か10月にジョージアに来てください。ブドウを収穫してワインを仕込むのは秋しか見られません。ワイン作りの体験をしたいという方は、旅行会社に問い合わせてみてください。

また、ジョージアのワイン作りについて深く知りたい方は、トビリシにあるジョージアワイン博物館にもぜひ行ってみてください。数千年前に使われていたクヴェヴリをはじめ、貴重な道具などがたくさん展示されています。

ワインの元となるブドウもジョージア人と切っては切れない関係で、こんなエピソードも伝わっています。昔、ジョージアの兵士は戦争に行くときにブドウの苗を持っていったそうです。それはなぜかというと、異国でその兵士が亡くなってしまったとしても、その地にジョージアを象徴するブドウが育つので、「その人は祖国であるジョージアで亡くなった」と言えるのだ、と考えたためです。

ジョージアの生活スタイルの中にワイン作りが浸透している例だと、こんな話もあります。ジョージア最大のワイン産地、カヘティ地方にあるシグナギ（სიღნაღი）という街にはダヴィド博士の家系に伝わる古い家があって、１００年くらい空き家になっていたのを今改装しているそうです。その家は家の外壁が１メートルほどの厚い石壁でできていて、今でも改装すれば住めるそうなのですが、その壁は外の熱さや寒さを遮断する自然のワインセラーのようにもなっているんですね。ジョージア東部ではこういった家が一般的です。

シグナギは丘の上に作られた城下町で、周辺にたくさんブドウ畑がありワインの生産が盛んで、この街にはカヘティ地方のいろいろなワインが集まってきます。

カヘティではワインに心酔するかもしれないので、「ジョージアでリモートワークをしよう」と考えている人にはおすすめできませんが、ワインを勉強したい人には最高で、ワインを勉強したい日本人はたくさん来ています。カヘティ地方はワイン以外にもリンゴ、桃、スイカなど農作物が豊富なことでも有名で、ジョージアでは「食料の納屋」とも呼ばれています。

ジョージア人だと、家族や親戚の中で一人くらいはブドウを育ててワインを作る人がいるので、そこで収穫を手伝ったりブドウを潰したりしてワイン作りに触れます。まるでお祭りみたいで楽しいですよ。

ぜひ日本のみなさまにも、機会を見つけてジョージアのワイン作りを体験してみていただきたいと思います。

事前にワイナリーに連絡を取って許可をもらえば、見学させてくれるワイナリーも多いと思います。小規模なワイナリーだと作れる本数が少ないので、副業として観光客を受け入れて見学会をしたり、料理を振る舞ったりしているところもあります。

ワイン作りはビジネスとして行っている人たちももちろんいますが、趣味でやっている人も非常に多いです。例えばトビリシでは、9階建てのビルの屋上をワイナリーに改造して、クヴェヴリまで運び込んで高所でのワイン作りを楽しんでいる人もいるらしいです。

私の夢は、日本の方がジョージアで独自でワイナリーを構えて作ったワインを飲むことです。日本の方はものづくりが得意ですし、何事にも魂が宿っていると考える独特の世界観からおもしろいクヴェヴリワインが作れるのではないかと思います。

ジョージアワインが我々の手元に届くまでにはブドウを作って摘む、ワインを作る、そこから売るところまでさまざまなプロセスがあります。すべてを自分たちで行うワイナリーもありますが、専門的に醸造だけを行うワイナリーもあります。

ジョージアワインを作るための大きな土の器であるクヴェヴリを作る専門的な職人もいます。いいクヴェヴリを作れる職人はジョージア全国で2人か3人しかおらず、数年先まで予約でいっぱいの状態が続いているそうです。豆知識ですが、ジョージアで作られたワインしか「クヴェヴリ製法」とは言ってはいけない、という決まりもあります。他の国で同様のワインを作るとアンフォラワインという呼び方をされます。クヴェヴリでワインを仕込んで、寝かせるために設けられた家の中の蔵に保管しているのを見ると、ああジョージアらしいな、と思います。ちなみにクヴェヴリは使っていないときにはきちんと掃除をし、硫黄を燃やして殺菌するなど管理は徹底しないといけません。

ジョージア政府にはワイン庁という官庁まであって、収穫されたブドウがスムーズにワイン製造者に卸せる手助けや海外へのワイン輸出を手助けしたりしています。ジョージアワインが輸入されている日本にもプロモーション契約という形でワイン庁が入ってきていますよ。

余談ですが、ジョージアではお酒を飲むことに年齢制限はありません。ただ、子供が無制限にお酒を飲まないように設けられた購入制限はあります。18歳未満の子供にお酒を売ってはいけないという法律があるので子供がお酒を買うことはできず、10代も半ばになったら頃合いを見計らいながら親や親戚が「ちょっと飲んでみない？」とワインに触れさせていくのです。だから日本のような「お酒を飲んでいい、いけない」というはっきりとした境目はありません。

ワインやブドウの持つ潜在能力をこれだけ引き出している国は、ジョージアの他にはないと私は思います。

ジョージアで最も大事な儀式、スプラ

私がジョージアを日本に伝えるときによく話題にするのがジョージアに伝わる宴会「スプラ」（სუფრა）です。

スプラとは、参加者それぞれがワインで乾杯しながら自身の経験や思いや教訓を語り、詩や音楽やダンスを披露するものです。

スプラでは伝統があるからこそ出てくる言葉や考え方が生まれますし、ジョージアに生きる人たちの価値観を知ることができます。どういう人と会うにせよ、スプラという形式を通すと理解が深まります。

結婚式に行ってもお葬式に行ってもスプラがありますし、ジョージアではワインがあるところには大なり小なりスプラがあります。乾杯なしにワインを飲むこともありえません。スプラ抜きにしてジョージアは語れないのです。

ワインを飲んで交流する文化は他の国にもあると思いますが、それを友人との絆を育んだり、次世代を教育したりするシステムにまで高めて、社会を成り立たせる上で欠かせない構成要素として持っているのはジョージアの他にないのではないでしょうか。

スプラの具体的な構成要素や手順は時代や地域によって異なります。2、3の簡単な乾杯をするだけということもありますし、時代が進むとたくさん乾杯を重ねることもあり、一概にこうだと言い切ってしまうことはできません。

具体的な進め方の例を挙げますと、タマダという宴会長が音頭を取って、だいたい10人くらいが乾杯をします。日本の寿司屋だと10貫から15貫くらいのお寿司を2、3時間かけて楽しみますが、イメージとしてはそれに近いですね。スプラでは12、13くらいの乾杯の言葉があって、それに合わせてワインをいただきます。平和の乾杯、家族の乾杯、女性の乾杯、亡くなった人の乾杯、友情の乾杯、健康の乾杯、子供の乾杯、おじいちゃんやおばあちゃんの乾杯、ホストの乾杯、ゲストの乾杯……とか。進め方はいろいろですが、一つの作法では、タマダが決めたテーマに沿って一人ずつ、そのテーマへの思いを語って乾杯の音頭を取っていくというものがあります。ただ、規模にもよりますが、最近ではそこまで厳格なルールによって開かれるスプラは少ないですね。

スプラの文化は私は大好きです。ここで、このせっかくの機会に、今これを読んでいる

あなたの健康とご健勝を願って、ガウマルジョス！（გაუმარჯოს）

ご参考までに、以前在日ジョージア大使館でまとめた「ジョージアのスプラのルール」を引用しましょう。

1 タマダ（宴会の司会者）とはスプラの支配者で、良い意味での独裁者である
2 主催者が初乾杯でタマダの長寿と健康を祈った後、タマダが支配権を得る
3 タマダが乾杯を捧げた後、スプラのメンバーがタマダと同様に乾杯する
4 タマダに先んじる乾杯は厳禁
5 タマダが喋るときは全員静聴
6 乾杯の内容によっては、タマダの指示のもと立ち上がって飲む場合もある
7 紳士がレディーに注ぐ
8 スプラの終了はタマダ次第
9 不機嫌は厳禁、ワインを拒否するのも厳禁（一滴でも飲むべし）
10 ワインを飲みながら食事や、タマダが喋らないタイミングで会話やコミュニケーシ

ヨンを楽しむべし

どんなスプラにも共通する本質は何かというと、自分を表現しつつ相手を理解するということです。人の気持ちが分かる、コミュニティの中での相手のことが分かる、それで学びや発見を得られるのがスプラなんですね。だからスプラは人生を考える上でとても大切なものなのです。

私は去年、スプラの精神をデジタルの世界で表現することができるのではないかと考え、NFT（非代替性トークン）によってジョージアの文化に関わるコミュニティを作る試み「SUPRA3・0」をスタートさせました。新しい形式で、ジョージアの文化を通じて人と人とがつながる機会を作ることができればと思っています。SUPRA3・0のトークンがあればジョージア旅行がもっと特別な体験になりますので、ぜひ公式サイトをのぞいてみてください。

スプラ 3.0（公式サイトより）

ジョージアに行くときに気をつけたいこと

ワインでいうと、ジョージアに行く方に向けて、一つだけご注意しておきたいことがあります。それは「飲みすぎないように」ということです。

ジョージアの人は絶対にお酒をすごく勧めてきます。ワインを飲んでもらいたいんです。日本人もやさしい、料理もおいしいとなるとついついお酒が進んでしまうものですが、日本からはるばる10時間以上かけて長旅をして、時差のあるジョージアに来るわけですから、体調のアジャストは必要です。

ハードな長時間移動の後でお酒を飲みすぎたら、日本国内であっても外国であっても体調を崩してしまいますよね。しかしジョージアに着いてテンションが上がって、そのまま飲み過ぎて体調不良になってしまう人もいます。

そのため、最初に言ったことに戻りますが、ジョージアに着いたらまずは温泉に入って疲れを取り、体調をコントロールした上で翌日などにワインを楽しむのをおすすめします。本当に、注意しないとどんどん引きずり込まれてしまいます。現地の人と同じペースで飲んではいけません。

また、飲みすぎだけでなく食べすぎにもご用心ください。ジョージアの料理はおいしいのですが、体に合わない人もいます。普段あまりチーズを食べない人がジョージアに着いていきなりチーズ料理を食べすぎて後悔する、などというのはよくある話です。

逆にジョージアから日本に来て初日にいきなりお寿司を食べてすき焼きを食べ、日本酒と焼酎を飲んで……と考えたら、これがごく当たり前のことだと気づくはずです。

これは「ジョージアだから」という話ではない一般論ですが、一気に楽しもうとしすぎる前に一度冷静になって温泉に入ってくださいね。

ジョージアの自然とアウトドアスポーツ

ジョージアはコンパクトな国土ながら豊かな自然があって、大山脈から砂漠、洞窟までバラエティに富んだ環境を楽しめます。日本にも山や海など自然の豊かさがありますが、そのすべてを楽しもうとしたら、かなりあちこちに行かないといけません。一方でジョージアの大きさは北海道と同じくらいなので、さまざまな自然環境にアクセスしやすいというのは魅力的だと思います。

ジョージアの自然はジョージア人の考え方の礎になっていて、自然の気持ちを感じることが日頃の生活にも大事ですし、自然の美しさを表現した詩や音楽も多くあります。

山が好きな人、川が好きな人など好みは人それぞれだと思いますが、一つシンボリックなものを挙げるとすれば、大きくて目立つ山でしょうか。標高5000メートルを超えるジョージアで有数の高峰であるカズベキ山は、ここまでで何度か「ジョージアの富士山」としてご紹介しましたね。他にジョージアらしい自然の風景というとブドウ畑もありますね。先ほどお話ししましたように、ジョージア人にとってはワインも自然の一部なので、ブドウの収穫をするというのもジョージア人の自然の楽しみ方の一つです。ジョージアらしい風景というと、ブドウ畑の向こうにコーカサスの山脈が見える、という光景が思い浮かびます。

また、日本との違いでいうと、家庭で牛や鳥などの動物を飼っている人が多いのもジョージアの特徴ですね。新鮮なミルクや卵が手に入るので、バターやチーズ、ヨーグルトなどを作って楽しむんです。

生活に密着した自然だけでなく、アウトドアのアクティビティもあります。ジョージアは山が多い国土なので登山家が多く、トレッキングやハイキングも人気です。

ジョージアの富士山、カズベキ山は標高5054メートルと非常に高い山でありながら、初心者でも登りやすいと評判です。ジョージアの山は登山経験の浅い人でも準備さえしっかりすれば楽しめるものが多く、一方で複雑な山に登りたいという中上級者向けの山もしっかりあります。ウシュバ（უშბა）という山は山頂が二つある双子の山ですが、こちらは非常に険しく、登りにくいことで世界中の登山家の間で有名です。

また、ジョージアの冬といえばウィンタースポーツが楽しいです。近頃ジョージアではスキーリゾートの開発が進んでいて、比較的リーズナブルな値段でスキーなどが楽しめるので、日本から訪れる人もいます。ヘリスキー、つまりリフトのないような高い山までヘリコプターで行って、そこから滑るスキーもできますよ。大コーカサス山脈だとスヴァネティ、トビリシの近くだと軍用道路沿いのグダウリ、小コーカサス山脈だとバクリアニやゴデルジというところがスキーで有名です。

もっとカジュアルなアクティビティだとラフティングもあります。山がちな国土なので川の流れも速いんです。例えば、トビリシのすぐ近くを流れるアラグヴィ川でもラフティ

二つの山頂を持つウシュバ山

ングで自然を体感することができます。

ちなみにこのアラグヴィ川は「黒アラグヴィ」と「白アラグヴィ」という2本の川が合流してできる川なのですが、合流地点であるパサナウリ村では、水質が異なる2種類の水が交わる美しい景色を見ることができます。

都市の中でさえ、自然を感じることができます。トビリシの旧市街の真ん中に大きな滝があるのです。温泉街を進んでいくといきなり滝が目に入ってくるので、そこにいると今自分がいるのが都会の中だとは思えませんよ。暑い夏場でも滝の近くに行くと涼しくて快適です。

二色の川が交わるアラグヴィ川

ジョージアの四季

ジョージアに行くのにおすすめのシーズンはブドウが実る収穫の時期、9月から10月です。ただ、それ以外にも四季折々のジョージアの魅力がありますので、ジョージアの1年間をたどっていきましょう。

新年は年末のうちから次の年を迎えるためのカウントダウンをして、花火をやったりします。また、ジョージアでは1月7日を旧暦（ユリウス暦）のクリスマスとして祝うので、正月はみんなで集まって盛大にパーティーをすることも多いです。トビリシだと12月から1月にかけて、クリスマスのイルミネーションが結構すごいですよ。

春に各家庭でクヴェヴリを開けて、前年の秋に仕込んだ新しいワインを楽しみます。クヴェヴリを開ける日は祭りのような感覚で、新しい年の節目を祝うような意味合いもあるので、日本の花見に例えられることもあります。

4月、5月くらいになるといろいろな旬のものがでてきて、ベリー系の果物やプラムなど楽しみが多い季節でもありますね。

春といえば復活祭も忘れてはいけません。春には復活祭とそれにまつわるいろいろな行事や祭りがあります。この季節にしか食べられないチャカプリ（ჩაქაფული）という羊肉を煮込んだ料理もあります。

ジョージアの夏は「休み」のイメージが強いです。7月や8月の暑い時期、山や海へバカンスに行く人が多く、特に海沿いのリゾートであるバトゥミは非常に盛り上がります。別荘を持っている人は別荘に行きますし、田舎の親戚がいる人はそちらへ行って休みます。夏のトビリシの街は住人より観光客の方が多いくらいですよ、トビリシの人はみんな街を出てしまいますから。

夏は家族の集まりの時期でもあります。日本でいうとお盆、里帰りですね。ジョージアではお正月はあまり地方に帰らないので、親戚の集いといえば夏です。

夏はジョージアでも地方生活をおすすめしたい時期でもあります。トビリシも暑いですから、たっぷりと数ヶ月、涼しい自然を味わうのに最適です。

キュウリやトマトといった野菜、桃やネクタリンなどのフレッシュな果物もおいしくて、夏は野菜や果物ばかりを食べているようなイメージもあります。

秋はジョージアにとって新年度で、学生にとってはちょっぴり憂鬱な季節ですね。

ジョージアの秋は芸術のシーズンです。というのも、休みの季節である夏場はほとんど何もイベントごとがやっていないので、演劇などの新しいプログラムは休み明けの秋からスタートするんです。テレビの新番組も秋から始まりますし、秋は新しい気持ちで何かに取り組もうという印象があります。

そして秋は待ちに待ったブドウの収穫の季節です。朝早く、4時や5時から畑に出てブドウの収穫でたくさん働いた後のスプラは格別です。

9月から10月にかけて行われるワイン作りが終わると、新年に向けてのカウントダウンもそろそろです。この時期には新年のお菓子が名物です。クルミを使った七面鳥や鶏の煮込みであるサツィヴィ（საცივი）も冬のジョージアらしい料理です。

ジョージアのクリスマスは、グレゴリウス暦のクリスマスを祝う他の国とは2週間のずれがあり、年末ではなく年始なので、年末のイベントは「1月7日に行われるクリスマスのカウントダウンや下準備」という位置づけのものも多いです。また、ジョージアは日本で師走というのと同じように、年末は大忙しです。その理由は、年明けにクリスマスがあって長い休暇に入るため、年末に仕事を終わらせておくという心意気からきています。

ジョージア人から見たジョージアの歴史

今までのお話の中でたびたびジョージアの歴史が登場しましたが、ここでジョージアの歴史を簡単におさらいしましょう。

現在のジョージアの原型となる国が作られたのは、先ほどもお話しした金羊毛の逸話で有名なコルキス王国の時代でした。コルキス王国は今のジョージア西部にあたり、クタイシが都でした。一方でジョージア東部にはムツヘタを都とするイベリア王国（იბერიის სამეფო）というもう一つの国がありました。この二つの王国が統一され、今のジョージアの原型となる形ができたのは紀元前3世紀です。

それから今まで、ジョージアという国は複雑な地政学的環境にもかかわらず、民族的な一貫性を守りながら今まで連綿と続いてきました。

そんなジョージアの長い歴史の中で黄金時代はいつかというと、何といっても中世です。特にダヴィド建設王とタマル王（თამარ მეფე）の2人はジョージアの黄金時代を築いた王として最も尊敬されています。

中でも、即位したときからジョージアの国力があったタマル王の時代に比べて、もとは弱かったジョージアを強大な国に変え、敵を一掃するとともに要塞や教会、社会インフラの建設にも力を尽くしたダヴィド建設王は、ひときわ大変な人だったように思います。

そのひ孫のタマル王は、ダヴィド建設王が再興したジョージアをさらに拡大し、コーカサス地域のみならず黒海から一部中東まで支配を拡大し、最大版図を築きました。

スヴァネティには「これはタマル王の橋だ」といったタマル王ゆかりの建造物がたくさん残っています。タマル王の時代に作られたからそのように呼ばれているんですが、実際にタマル王とは関係ない、タマル王の時代より古かったり新しかったりするも

ヴァルジア聖母教会のフレスコ画に描かれたタマル王（Wikipediaより）

ゲラティ修道院のフレスコ画に描かれたダヴィド建設王（Wikipediaより）

のでも「タマル王の〇〇」という名前がついていることがあるんです。それだけタマル王が尊敬されていたという証ですね。

タマル王の黄金時代の後、ジョージアは幾多の外敵と戦いながら自らのアイデンティティを守って近代まで続いていきました。

タマル王の子供であるギオルギ4世とルスダン王（女王）の時代にジョージアはモンゴルやホラズム朝の侵略と戦いましたが、あの時代のジョージアを舞台にした宝塚歌劇『ディミトリ〜曙光に散る、紫の花〜』が２０２２年から２０２３年にかけて日本で上演されていて、この作品でジョージアの歴史を知ったという方もいらっしゃると思います。

このような舞台ができることを聞いたとき、私は耳を疑いました。そのため、上演が始まってすぐに宝塚に駆けつけて観に行きました。正直に言って、ジョージアが舞台となって、踊りや歌をはじめとした多くのジョージアの要素が詰め込まれて、並木陽先生作の名

『ディミトリ〜曙光に散る、紫の花〜』
（宝塚歌劇公式サイトより）

作『斜陽の国のルスダン』をベースに、何もかも可憐に表現されたこの舞台は私にとってたちまち不朽の伝説となりました。このようなスケールで、日本でジョージアの歴史や文化が楽しめる作品に感無量です。

ジョージアの歴史で大きなギャップが生まれたのは、1801年にロシア帝国に併合されたときでした。そのときジョージアの王政が廃止されて、教会も独立を失ってしまったのです。そこから20世紀末頃までは、それまでずっと続いてきたジョージアの独立や伝統が200年ほど途絶えてしまいました。

ロシアはジョージアにとって、それまで戦ってきたペルシア帝国やオスマン帝国といった敵とは質的に大きく異なる国でした。ロシアはジョージアと同じく、正教会を国教としていたのです。

ジョージアは、宗教的な立場が異なる相手に対して自らのジョージア正教を守るべく戦っているときまでは、まだ仕方がなかったかもしれませんが、同じ正教

イリア・チャヴチャヴァゼ

会を信じるロシアと自らを比べたとき、アイデンティティの危機に直面してしまったのです。

そんなときにジョージア人が自らのアイデンティティとして発見したのが、ジョージアの言葉と文字でした。それまでジョージア語を話すジョージア人でも文字の読み書きができず、サインの代わりに十字を描くという人もいたくらいでした。しかし近代に入って、ジョージアでは国民みながジョージア語を読み書きできるようにしようという運動が興ります。それを牽引したのがイリア・チャヴチャヴァゼという作家・政治家です。彼のおかげでジョージア人は国民としてのアイデンティティを保つことができたと言ってもいいと思います。

その後ジョージアでは、1918年にジョージア初の共和国であるジョージア民主共和国が誕生しました。この民主主義的な試みは時代を先取りしすぎていたためか、長く成功を収めることはできませんでしたが、ジョージアはそれ以降、歴史をとても大事にしつつも、国作りにおいては過去を掘り返すというよりも、そのときどきの先進的な考えに基づいて新しい国作りをしていこうという考えを持っています。

それは例えばジョージアの国旗を見ると分かります。ジョージアでは2004年に新しい国旗が制定されました。とはいってもこの国旗の歴史は12世紀頃、バグラト3世やタマル王の時代にまで遡ることができます。その後、1918年には新しい国旗が使われるようになり、この国旗の存在は長らく忘れられていました。しかし、2004年に「ジョージアは新しい国を作るぞ」という決心のもと、国のシンボルも一新されることになったのです。

もっとも、新しい国旗であると同時に元々あったアイデンティティを復活させて、うまくバランスを取っているという点も重要で、この辺りはジョージアらしいところだと思います。

また、同様のことは国名の表記についても言えます。ジョージアのことを昔の名称であるロシア語の「グルジア」として今なお記憶している人もいるかと思いますが、ジョージアという我が国名の表記には、抑圧を

2004年に制定されたジョージアの国旗

受けたソ連時代の負のレガシーではなく、1918年に成立したジョージア民主共和国が持っていた民主主義的な考え方を継承していこうという背景がありますので、日本でもジョージアという呼び方が馴染んできていることは幸いです。

今のジョージアという国は、ソ連時代にいろいろな文化が変えられそうになったものの、ジョージア人は自らの文化を頑固に守ろうという気質があったため独自の文化が残り、それが開花しています。

ちなみにジョージアには、ドラゴン退治をしたという伝説で有名な聖ゲオルギオスに由来する「ジョージア」という国名とは別に、ジョージア語の「サカルトヴェロ」(საქართველო)という呼び名もあります。日本が「日本」と「ジャパン」の両方で呼ばれているのと一緒ですね。

それでは、ジョージアの言葉についてもご紹介しましょうか。

ジョージアの文字と言語

ジョージアの公用語はジョージア語で、日常生活の中では英語やロシア語は使われません。ただ、英語やロシア語で話しかけたら、その言葉で返事が返ってくることも多いと思います。都会のトビリシならなおさらです。

とはいえ、ジョージアに行く前には、ぜひジョージア語を少しでも勉強していただけると嬉しいです。ジョージア語で現地の人に話しかけるときっと喜ばれますよ。

また、お店の看板やパッケージ裏面ラベルに書いてある言葉はジョージア語で、これは法律で決まっています。

先ほど、ジョージアが多くの大国や帝国から自らのアイデンティティを守り抜いてきたというお話をしましたが、それに大きな役割を果たしたのが自分たちの言葉、ジョージア語です。

日本は島国ですから、自分たちの言葉のありがたみが、普段の生活では感覚的に少し分かりにくいかもしれませんが、外国に行ったりすると、自分の思いや感情を表したり、人が考えていることを読み取ったりして人と人との心をつなぐ上で、言葉の大切さがよく分かると思います。

また、音の響き一つ取っても外国語と母語だと違います。

そんな我々にとって大切なジョージア語ですが、19世紀ジョージアはロシア帝国に制圧され、ジョージア語はかなり制限を受ける対象になり、ジョージア語の教育が禁止されてしまいました。

続くソ連もジョージアの人々の言葉をできるだけロシア語にスイッチさせ、国民のアイデンティティの比重を軽くしようとしました。しかしジョージア人は自らの言葉を、自らの文化を守ろうとしてソ連に反発し、ソ連の憲法の中で「ジョージアには独自のジョージア語という言語がある」と認めさせることに成功しました。

ジョージア人はジョージア語をずっと育み、今につなげてきたのです。

ジョージアの言葉、カルトヴェリ語族やジョージア語族とも言われる言葉の仲間は、周辺地域の言語とはタイプの異なる、独立した語族だと言われています。

言語の由来はといいますと紀元前の時代にまで遡るんですが、どの時代がルーツかは未だにはっきりしておらず、ただ非常に古い言語であるということは間違いないです。

そして、ジョージア語は古い形を現代まで維持し続けているという特徴があります。

今まで残っているジョージア語の作品の中で最も古い文学作品には5世紀のものがあるんですが、現代のジョージア人がその作品を読んだらだいたい70%くらいの内容が分かります。21世紀のジョージア人は5世紀の本を今も読めるんですよ！

だいたい2００年前の文学作品を読んでも分からないというのが世界的には普通らしいですし、日本語もそうですよね。それと比べると、5世紀の時点で既に発達のピークに達していて、その後あまり変わらなかったジョージア語の特殊性が際立ちます。言語学者の間でも非常に珍しい例だということで研究の対象になっているそうです。

ジョージア語の歴史はこのような次第ですが、ジョージア語には固有の文字があります。

実は、ジョージアの文字は日本のみなさまにとても親しみ深いものでもあります。

みなさまはこんなものを見たことがありますよね？

ლ(╹◡╹ ლ)

日本には独自の顔文字文化があるかと思いますが、その中に例えば、ლという文字が手の代わりに出てきたりします。これがジョージアの文字なのです。

結構シンプルなまるまるとした文字で、よく「かわいらしい」と言われます。

そして、ジョージア文字のかわいさに気付いたのは顔文字を作った日本人だけではありません。多くのデザイナーがジョージア文字の意匠に注目しています。ジョージア出身の世界的ファッションデザイナーであるデムナ・ヴァザリア（დემნა გვასალია）さんの服はジョージアの要素、特にジョージア文字を取り入れているのが特徴です。

洋服もですし、最近では他にもピアスやネックレスの柄などにもこの文字が使われるようになったりと、ジョージアの文化を推進していこうという流れがあります。

かくいう私も、ジョージアで起業していたときには、こういった文字のデザインを活用したファッション兼お土産のＴシャツを作っていました。ダヴィド博士はダヴィド博士で、ジョージア文字の丸い部分にワインがちょうど入るようなおしゃれなワインラックを作っていたそうです。

このように我々の生活にも密着したジョージア文字は、私たちが継承してきた固有の文字です。日本で言うひらがなのようなものですね。ひらがなも日本でしか使われていないし、ジョージア文字もジョージアでしか使われていません。客観的に見てもどれだけ大事かというと、ユネスコの無形文化遺産に登録されていることでお分かりいただけるかと思います。

日本では漢字があってひらがながあってカタカナがありますけども、ジョージアにも文字の種類が3つあります。

まずはムヘドルリと言われている文字、これは「戦士の文字」と翻訳できます。それ以外にはアソムダブルリ（直訳すると「頭文字」）、そしてヌスフリ（直訳すると「目録文字」）という文字がありました。

それぞれ階級によって使う人が分かれていて、主にムヘドルリは軍人、アソムダブルリは王室や貴族、ヌスフリは教会の人や学者の間で使われていたという歴史があります。異

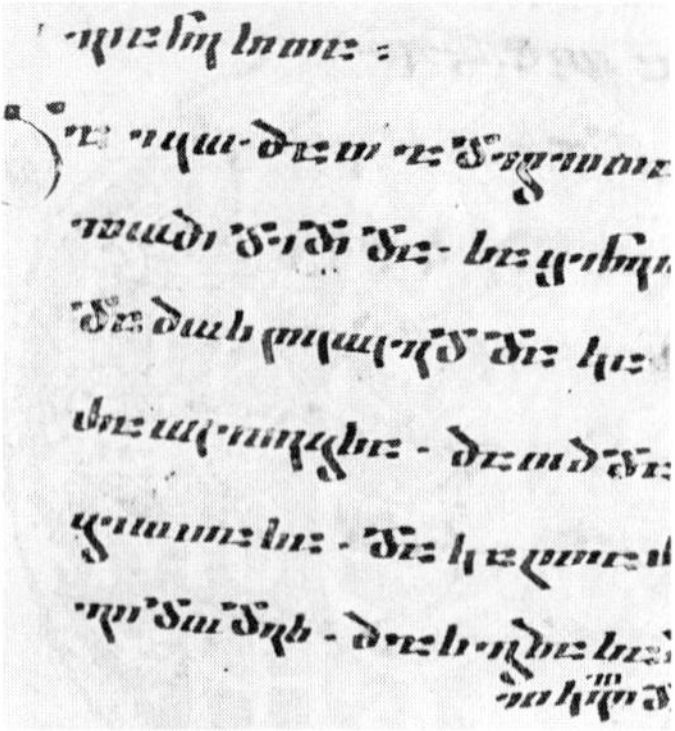

ヌスフリで書かれ勅書
(Wikipedia より)

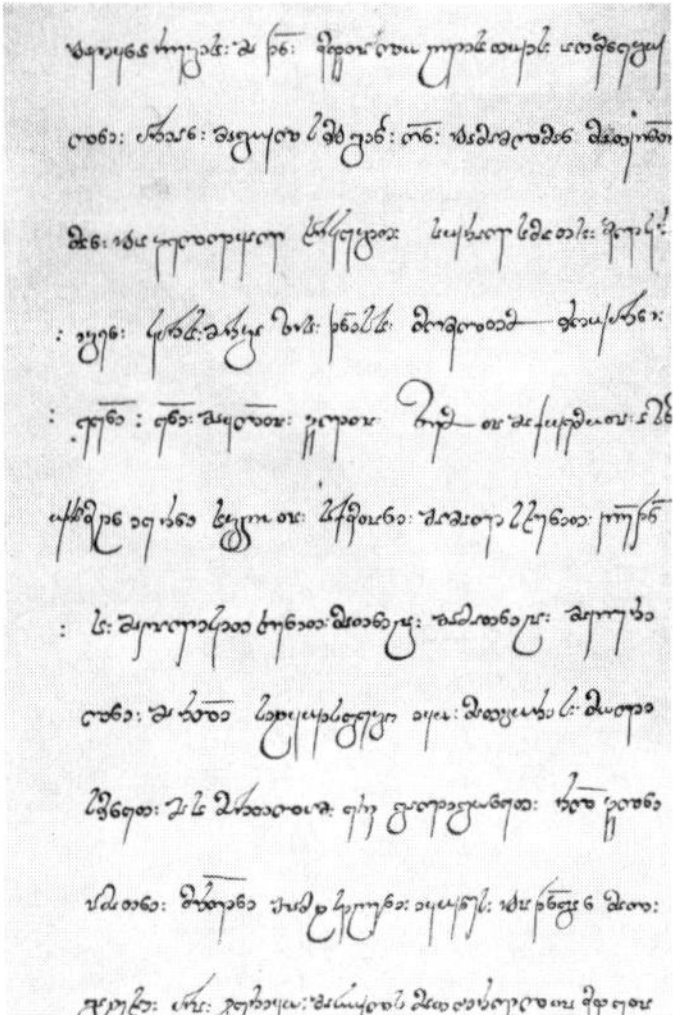

ムヘドリルで書かれた勅書
(Wikipedia より)

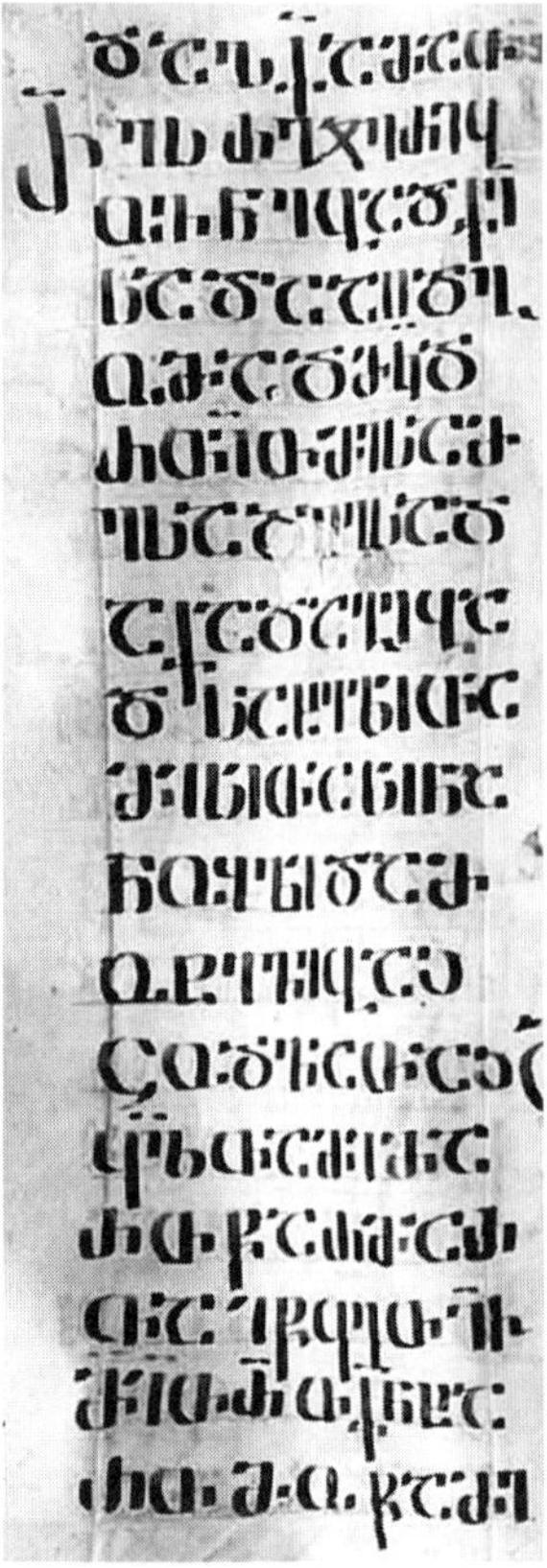

アソムダブルリで書かれた聖書
(Wikipedia より)

なる文字が共存していたということですね。まさにそれこそがユネスコの無形文化遺産になった理由です。

現在ジョージア語を表記する上で主に使われているのは、こちらのムヘドルリです。母音と子音があり、母音は5字、子音は28字あります。この歴史も、一説によると紀元前3世紀にまで遡るとも言われています。

ジョージアのアイデンティティのベースにある文字と言語は、ジョージアの文学作品と切り離して考えることはできません。次はジョージアの文学作品についても見ていきましょう。

ジョージアの文学

第1章にはトビリシのルスタヴェリ通りも出てきましたが、ジョージアの多くの都市の中央通りには「ルスタヴェリ通り」という名前がついています。また、首都トビリシの国際空港も「ルスタヴェリ国際空港」という名前です。このようにジョージアのいたるところで目にするルスタヴェリとは何かというと、ジョージアを代表する文学者なのです。

ショタ・ルスタヴェリ（შოთა რუსთაველი）は『豹皮の勇士』という、3人の勇士たちの冒険と友情、恋を描いた叙事詩で有名です。『豹皮の勇士』はジョージア人のアイデンティティの根幹をなしていて、読み書きできない人がいた時代にも口頭で伝承されていたり、『豹皮の勇士』の本が結婚時の嫁入り道具に含まれていたりといった話が伝えられています。

ルスタヴェリという人物について分かっていることは多くありませんが、12世紀にタマル王に金融大臣として仕えたこと、学者としてジョージアの大学で活躍していたこと、修道士としてエルサレムにいたこともあることが知られています。また、彼が複数の言語を理解していてプラトンを始めとする古代ギリシア哲学から中国思想までを知っていたこと、さまざまな旅行と冒険の経験があったことは作品から明らかです。ルスタヴェリの作品には、彼の内面にあった先進的なモラルや人間性、道徳、哲学が反映されています。

その後、さまざまなジョージア文学が展開されました。19世紀に活躍し、愛国主義と世界主義に関する論考や人間の本質について多角的に考えた詩を残したヴァジャ・プシャヴエラ（ვაჟა-ფშაველა）や、19世紀から20世紀にかけて活躍し、シャネルのモデルにもなったジョージアの貴族令嬢メリ・シャルヴァシゼを詩神として愛と孤独について作詩したガラクティオン・タビゼ（გალაკტიონ ტაბიძე）は有名です。

現在、日本におけるジョージア語の第一人者である児島康宏さんの翻訳のおかげもあって、ジョージアの詩人や小説家の作品が少しずつ日本語でも読めるようになってきていますので、ご興味のある方はぜひ読んでみてください。

第3章

日本でも楽しめる⁉　ジョージア料理の世界

ここまでの話の中にも、ヒンカリやハチャプリといったジョージア料理が登場しましたが、この章では私たちにとって馴染み深いジョージアの料理についてお話しするとともに、日本でもジョージアの味を楽しめるジョージア料理レシピや、それぞれの料理についてのエピソードをご紹介していきたいと思います。

日本でジョージア料理というとシュクメルリが有名ですが、ジョージア料理はシュクメルリだけではありません。むしろ実は、シュクメルリはジョージアではローカルな料理です。これまでジョージアの気候や地形の豊かさ、そしてワインの存在に触れていただいてお分かりと思いますが、その幅広さこそジョージア料理の醍醐味です。

今回は、ジョージアで多くの人が親しんでいる国民的な料理の数々をピックアップしました。ジョージアに行った際は、ぜひこれから挙げていくような代表的なジョージア料理を味わっていってください。

ジョージア料理らしさとは何か

ジョージア料理の特徴として、地域によってバラエティが非常に豊かで、「これがあればジョージア料理の味になる」という単一のものを挙げることはちょっと難しいという点があります。

ただ、ジョージアらしさを感じる食材はあります。それはクルミとスパイス、ハーブです。

クルミをペーストにして香辛料を混ぜ、料理に使うというのはジョージアならではの味の一つだと思います。ハーブは調味料として料理に使うこともありますし、塩をかけるなどしてそのまま食べることもあります。この後で、クルミやハーブを使った料理のレシピをいくつかご披露しましょう。

スパイスというとそれから、ジョージアの七味唐辛子とでも言うべき、いろいろな料理に合わせて辛味を足すことができる調味料「アジカ」（აჯიკა）や「スヴァヌリ塩」（სვანური მარილი）も親しみ深いものです。

アジカ

スヴァヌリ塩

ツケマリ

また、日本における醤油のように何にでも合う、どの家庭にもあるジョージアの万能調味料に、プラムを香草やスパイスと混ぜたソース「ツケマリ」（ტყემალი）があります。私はその味が大好きで、日本の梅を用いてツケマリを作ることに成功しました。

ツケマリは何にでもつけることができますが、フライドポテトが特におすすめです。和食だとトンカツ、豚しゃぶ、白身魚、目玉焼き、そばなどと相性がいいと感じます。

いろいろな料理にジョージアの風味を足すことができるアジカやスヴァヌリ塩、ツケマリのレシピについては後のページに掲載されています。

アジカのレシピ↓　**168**ページ
スヴァヌリ塩のレシピ↓　**170**ページ
ツケマリのレシピ↓　**172**ページ

そして忘れてはなりません、チーズもジョージアの代表的な食べものの一つです。

ジョージアではワインを作る器であるクヴェヴリで寝かせたチーズや、ワインやハチミツで漬けたチーズ、香草入りのチーズなどユニークな面白いチーズがいくつもあります。

ジョージアチーズの種類は80以上もあると言われており、現在それらは復興しつつあり、ジョージアのチーズ界では今ルネッサンスが起こっています。

私がぜひみなさまに知ってほしいジョージアの味は、薪焼きで作ったパン、チーズ、万能調味料兼ソースであるツケマリ、この3点です。あるいはサラダが加わっても最高ですが、これらはジョージア料理の最も基本的な味で、背伸びしないジョージア料理なのです。日本も「白いごはん、焼き魚、お味噌汁、漬物」という最もシンプルな定食が一番おいしいですよね。梅干しもお忘れなく。私は梅干しは食べ物の王様だと思って愛用しております。

さらに品数を加えるならジョージアのソーセージであるクパティ（ქუპატი）など、おいしいものがいくらでもありますが、パンとチーズ、ツケマリがあるだけでジョージアではもうご馳走です。日本人にとっても、海外に行くと恋しくなる味ってありますよね？　ジョージアも同じです。ぜひジョージア人の誰にとっても最愛のこのシンプルかつ究極の組み合わせを、一度は体験してほしいと思います。

ジョージアの伝統と季節の料理

ジョージアでは季節ごとに、食材の旬や季節ごとの文化風習に合わせてさまざまな料理が見られます。絞るのが大変ですが、いくつかご紹介しましょう。

例えばチャカプリ（ჩაქაფული）という料理は、タラゴン（エストラゴン）という香草の風味で子羊とプラムを煮込んだ半スープです。これは通常、プラムの旬である春にしか食べることができない季節ものの料理です。4月下旬頃から旬を迎えるプラムのさわやかな味わいに春の訪れが感じられます。

それから、先ほどお話ししたジョージアのチーズにも旬があり、特に夏がおいしい食べ物です。

また、サツィヴィ（საცივი）という、クルミのクリームとガー

チャカプリ（著者ツイッターより）

サツィヴィ

リックソースで作った鶏や七面鳥の冷たい煮込みや、クルミとハチミツで作ったゴジナキというお菓子は、正月を祝うための特別な食べ物とされていて、一般的には冬にしか出会えません。

ジョージアの田舎では、クリスマスの断食明けに豚をさばくという習慣が今でも残っていますが、冬の豚肉はとてもおいしいです。

他にも春にはイースターの断食明けや、8月28日の聖母マリアの日にも羊をさばいて食べるのがジョージアの伝統です。

また、ワインを仕込むシーズンである秋には、ワイン用の葡萄の一部をタタラというジュースにして、さらに小麦粉を加えてゼリーにして胡桃を上からまぶすとペラムシという収穫期の風物詩であるデザートの出来上がりです。

ジョージアは、とにかく季節の巡りを食べ物を通じて楽しむことができるのです。

ジョージアの国民食ハチャプリ（ხაჭაპური）

ジョージアの国民食というと、まずはハチャプリです。「ハチャ」＝チーズ、「プリ」＝パンで、名前通りチーズ入りのパンです。そこらで買えるし持ち運びもできるし便利で、ピクニックや子供のおやつなどいろいろなシーンで活躍します。炭水化物の中にタンパク質があって、おにぎりのように栄養価が高いです。

ハチャプリには地域によっていくつものバリエーションがあります。今回は、最もポピュラーなイメルリハチャプリ（იმერული ხაჭაპური）の作り方をお教えしましょう。

１７４ページに載っているのは、私の家族が長年受け継いできた、日本で簡単に作れる自慢のレシピです。ハチャプリは日本で簡単に手に入る材料だけで作れるのです。

イメルリハチャプリ（著者ツイッターより）

↓レシピ 174ページ

ワインやチーズにおいてもそうであるように、近年のジョージアではグルメブームの到来によって、ハチャプリにおいても実に多くの種類が復興されてきました。

2022年にできたグンダ（გუნდა）というレストランでは、ジョージアの古代品種の小麦でつくられる47種類のハチャプリを楽しむことができます。また、私もツイッターでご紹介しましたが、チュヴェニ（ჩვენი）というトビリシのレストランでは、これまで一般ではあまり食べることができなかった、テニリを含む3～4種類のチーズを使った豪快なメスヘティ地方風のハチャプリ（მესხური ხაჭაპური）を楽しむことができます。ジョージア料理の醍醐味の一つは、商業化されていない昔ながらの料理がたくさんあることです。その未知なる味を求めてジョージアの美しい田舎を冒険されてはいかがでしょうか？ 考古学ならぬ「料理学」上の新しい発見を楽しみにしております。

メスヘティ風ハチャプリ（著者ツイッターより）

さて少し脱線しましたが、先ほどのイメルリハチャプリの他にも、いくつかの種類を見ていきましょう。

メグルリハチャプリ（მეგრული ხაჭაპური）は「サメグレロ地方のハチャプリ」という意味で、サメグレロ地方はジョージアの西部にあり、辛い料理と乳製品で知られており、他にも塩コショウやミントで味付けしたチーズに牛乳やサワークリームをかけた「ゲブジャリア」や、牛の腸にスパイスの効いた内臓を詰めたソーセージ「クパティ」といった料理が有名です。ちなみに、アブハジア発祥のアブハズラというクパティに似た肉料理があります。私はよくアブハズラはジョージアのハンバーグ、一方でクパティはジョージアのソーセージとして紹介しております。

メグルリハチャプリの作り方としては、最も基本的なハチャプ

メグルリハチャプリ

リであるイメルリハチャプリを焼いた後で、スルグニチーズというチーズを乗せて完成です。日本で再現する場合、乗せるチーズはモッツァレラチーズで代用するのがいいでしょう。

それから、アチャルリハチャプリ（აჭარული ხაჭაპური）も忘れてはなりません。

この特徴的なビジュアル、見たことがある方も多いのではないでしょうか。

日本でも有名な「楕円形のパンの上にチーズが乗っていて、さらにその上に半生の卵が乗っている」というジョージアのパンで、チーズが中に入っていて船の形をしていることから「チーズボート」とも呼ばれているのがこのアチャルリハチャプリで、ジョージア西部のアチャラ地方がルーツです。

その見た目は、もともと日差しが豊かなアチャラ地方の太陽をイメージしています。しかし、日本のツイッターに載せると、十

アチャルリハチャプリ

中八九「目玉おやじ」とコメントされるのも事実です（笑）。

みんな大好きヒンカリ（ხინკალი）

ヒンカリもみんなが好きな定番料理です。ルーツは東北ジョージアの山岳地帯で、今では全国的な人気があります。

お肉を小麦粉の皮で包んだものですが、中に入る具はポテトやマッシュルームの場合もあり、サイズも一口大の地域から「両手で持てる大きなものでないといけない」という地域までさまざまです。ヒンカリを巻くときのシワの数まで地域や家庭で決まっていたりします。シワの数は作るときの労力の象徴なので、シワが多い方がいいとされます。

作るのが大変なので今では作る家庭も減りましたが、気軽にヒンカリを出してくれる、日本でいう寿司屋のような存在のヒンカ

ヒンカリ

リ屋さんが街中にあります。

ヒンカリにはワインよりも、ビールか、ブドウから作った蒸留酒チャチャを合わせるのが定番です。

ヒンカリの食べ方としては「まず先っぽをつまんで一口かじり、次に肉汁を吸って、その後で中身を存分に食べる」という順番で、食べるときに持つ先っぽの部分は残すことが一般的です。一方で全部食べる派の人もいます。

↓レシピ 182ページ

日本で大人気のシュクメルリ（შქმერული）

シュクメルリは、ジョージアのラチャ地方にあるシュクメリ村が発祥のローカルな料理です。

2019年に日本の外食チェーン「松屋」が、「世界一にんにくを美味しく食べるための料理」というキャッチコピーでシュクメルリ鍋定食を発売したところ大きな話題を呼び、ジョージア料理が日本で一躍有名になるきっかけとなりました。

しかし実は、シュクメルリはジョージア料理の中では、そこまでメジャーとはいえない郷土料理です。

日本でシュクメルリが流行っているのがジョージアでニュースになったとき、「ジョージア人の私だってまだ食べたことがないのに」というコメントがいくつも見られました。本当に意外な料理が日本で普及したもので、ジョージア本国より日本の方が、この料理が流行っているのではないかとも思えるほどです。

シュクメルリは焼いた鶏肉にバターとニンニクを絡めたものが土台になっていて、そこに夏ならば夏野菜を加えるなど、アレンジの幅が広い料理です。

今回は私の妻のレシピをご紹介します。おいしく作るコツは、さまざまな部位の鶏肉を合わせて

シュクメルリ

使うことだそうです。

↓レシピ176ページ

故郷の味、ジョージア風サラダ

ジョージア人が外国に行くと恋しくなる故郷の味はチーズとパン、そしてこのジョージア風サラダです。

このサラダはジョージアの夏の風物詩で、キュウリやトマト、タマネギをベースに、タマネギやいろいろなハーブが入っているのが特徴です。

これはジョージア全国ほとんどスタイルは変わりませんが、カヘティオイル（კახური ზეთი）というカヘティ地方に見られる特有の香ばしさをもつヒマワリの油などで味付けしたり、クルミを

ジョージア風サラダ

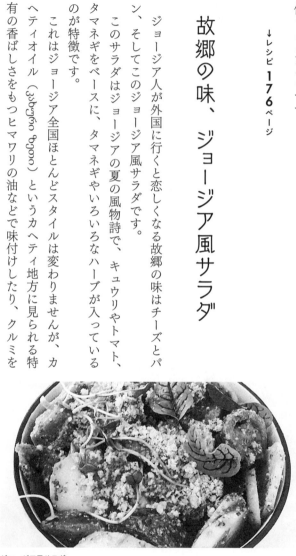

加えたりして少し地方の味が出ることもあります。どんな時にでも食べたくなる、素朴でおいしい料理です。

ジョージアの野菜料理プハリ（ფხალი）

プハリはジョージア料理ならではのクルミとハーブのペーストと野菜を組み合わせた料理です。

ジョージア料理では、前菜を「冷たいもの」（ცივები）といいますが、このプハリやサラダ、次に登場するバドリジャーニなどが「冷たいもの」にあてはまります。

レストランで予約するときには「お客さんが来てから料理をお出ししましょうか、それともいらっしゃる前に『冷たいもの』をテーブルに用意しておきましょうか」と聞かれます。

他にもチーズや牛タンスライスなどもジョージアの典型的な前

プハリ

菜です。

その後で温かいものが順番に出てきて、最後にデザートというのがジョージアの宴会の流れです。

↓レシピ178ページ

ナスとクルミのバドリジャーニ（ბადრიჯანი）

こちらもクルミを使った「冷たいもの」の一つで、ナスの中にクルミが入っています。

↓レシピ180ページ

バドリジャーニ

ジョージアの串焼きムツヴァディ（მწვადი）

ジョージア人が大好きな料理が串焼きのムツヴァディです。ムツヴァディに使う肉は豚がメインですが、地域によっては子牛や羊のムツヴァディもあります。ジョージア人は豚が好きな傾向がありますが、山岳地帯だと豚はあまり好まれず、主に食べられる肉の種類が東ジョージアでは羊だったりスヴァネティでは牛だったりとさまざまです。

ブドウの木の炭を使って焼くのがジョージアの串焼きの特徴で、そうするとお肉にいい香りがつきます。

また、食べるときにどういうソースをつけるかも重要です。ジョージアにはいろいろなソースがありますが、先ほどご紹介したツケマリやアジカといったソースが代表的です。

国民的な漬物ジョンジョリ（ჯონჯოლი）

ジョンジョリはジョージアを代表する漬物です。ミツバウツギという木の花を、お酢をベースとした漬け液に漬けたものです。

先日ジョージアに帰国してご近所さんに食事に呼ばれ、「このジョンジョリおいしいですね」と言ったら、「この木から作ったんですよ」と庭木を見せてもらいました。ミツバウツギはジョージアでは野生でよく見る木で、ジョンジョリを自分で作っている人も少なくないようです。残念ながらそのときに漬け液のレシピを聞きそびれてしまったので、いつか機会を改めてレシピをみなさまにお伝えできればと思います。

ジョンジョリは他の料理の付け合わせに出てく

ジョンジョリ（著者ツイッターより）

ることが多く、日本の食べ物に例えると「カレーの福神漬け」といえば分かりやすいでしょうか。次にお話しするロビオという豆料理は、このジョンジョリと一緒でなければ食べないという人もいます。

家庭的な豆料理ロビオ（ლობიო）

ロビオは一年中食べられる料理で、ジョージアの家庭料理の代表的なものの一つと言えます。ヒンカリやハチャプリは外で買ってきて食べることも多いですが、このロビオはそれぞれの家庭で作るものとされています。

作り方としてはインゲン豆を香辛料で煮込んだもので、ジョンジョリを添えるほか、ムチャディ（მჭადი）というトウモロコシ粉で作ったパンと合わせて食べられます。

ロビオ

ジョージアの宴会だと普通は大皿に盛って取り分けるのですが、ロビオは冷めないように一人ずつ小皿で出てくることが多いです。

ザ・家庭料理のオジャクリ（ოჯახური）

オジャクリを日本語に直訳すると「家族の食事」で、こちらも文字通りジョージアの家庭料理です。

これは豚肉とジャガイモで作る家庭料理なので、さしずめ「ジョージアの肉じゃが」と言えるかと思います。

↓レシピ 184ページ

オジャクリ

二日酔いに効くチヒルトゥマ（ჩიხირთმა）とハシ（ხაში）

チヒルトゥマとハシは、いずれも二日酔いに効くというスープです。

それぞれの作り方を簡単に申し上げると、チヒルトゥマは、鶏の出汁で小麦粉を溶いた卵黄を煮込み、仕上げに卵白を加えて塩と酢、パクチーで味付けした鶏肉と卵の香草スープで、ハシは牛骨や牛の内臓を煮込んだスープです。

ジョージアの料理はなぜか、二日酔いに効くものが多いですね。ハシはにんにくが強すぎるので、食べた後は外に出ず、人と接触しないで寝た方がいい、寝たら不調が回復すると言われています。

ジョージアの魚料理カルマヒ（კალმახი）

ここまでは肉料理と野菜料理ばかりでしたが、ジョージアでは魚料理も人気です。チョウザメやマスといった川魚を揚げた「カルマヒ」が有名な魚料理で、山で採れた天然のマスのカルマヒを、ザクロのソースでいただくと非常においしいです。

ブドウのスイーツ、ペラムシ（ფელამუში）

ジョージアではブドウのジュースからお菓子を作ることが多いですが、その代表的なものがペラムシです。食感はゼリーやババロアに近いでしょうか。

ペラムシ（著者ツイッターより）

昔はブドウの収穫とその直後にしか食べられない秋の風物詩でしたが、今ではレストランのデザートとして通年見かけるようにもなりました。

歴史ある非常食チュルチュヘラ（ჩურჩხელა）

チュルチュヘラもブドウを使ったお菓子で、クルミか、あるいはヘーゼルナッツに糸を通し、ブドウジュースに小麦粉を混ぜて煮詰めた果汁液につけては干し、という工程を繰り返してできる飴のようなものです。

このお菓子は栄養価が高かったので、昔は兵士が戦場に行くときに非常食として携行していました。それくらい歴史のある伝統的な食べ物です。

私はこのあいだ日本で作ってみましたが、日本

チュルチュヘラ（著者ツイッターより）

で市販されているブドウジュースを使うと、本場ジョージアのものとは若干風味が違いますね。

お正月のお菓子ゴジナキ（გოზინაყი）

ゴジナキはハチミツを絡めたクルミのキャラメルで、甘い年越しを過ごせるようにという願いを込め、主にお正月に食べられるお菓子です。

昔はお正月にしか食べられないものでしたが、今では一年中レストランで食べられるものになってきました。

↓レシピ　186ページ

ゴジナキ

日本でジョージア料理を楽しむレシピ集

ここまで数多くのジョージア料理を見てきましたが、欧米に比べてジョージア人が少ないせいか、日本には身近なところで本格的なジョージア料理が食べられところはまだまだ少ない印象です。

いつかニューヨークやロンドンのように、ジョージア料理のレストランが日本でも人気になって、これらの料理が日本でも手軽に楽しめるようになってほしいと思いますが、今すぐにジョージア料理を食べてみたいという方のために、素材や手順の面で、日本で比較的簡単に作れるジョージア料理や調味料のレシピをいくつかまとめてみました。

ぜひ挑戦してみてください。

そして、肉やクルミ料理には重厚な赤ワインのサペラヴィ（საფერავი）、野菜料理にはフルーティで軽めの白ワインのルカツィテリ（რქაწითელი）など、ぜひジョージアワインと一緒に合わせてみてください。

【材　料】

唐辛子…250 グラム
赤パプリカ…250 グラム
パセリ…70 グラム
セロリ…50 グラム
バジル…50 グラム
イノンド（ディル）…大さじ 1 杯
フェヌグリーク…大さじ 1 杯
コリアンダー（パクチー）…大さじ 1 杯
塩…適量

【作り方】

①唐辛子と赤パプリカの種を取り除く。
②材料をフードプロセッサーにかけ、取り出してよく混ぜる。

აჯიკა
アジカ

【材　料】

唐辛子…100 グラム
ニンニク…8 片
マリーゴールド…100 グラム
フェヌグリーク…100 グラム
コリアンダー（パクチー）……100 グラム
セイボリー…100 グラム
塩…500 グラム

【作り方】

①唐辛子とニンニクをフードプロセッサーにかける。
②それ以外の材料とよく混ぜる。

სვანური მარილი

スヴァヌリ塩

【材　料】

半熟梅…2 キログラム
フェンネル…50 グラム
イノンド（ディル…30 グラム
コアンー（パクチー）…120 グラム
ニンニク…9〜10 片
青唐辛子…3 本
塩…お好みで大さじ 1〜2 杯
フメリ・スネリ…なくても可、もしくは各スパイスで代用可

※フメリ・スネリとは、コリアンダー、ディル、ローリエ、バジル、セロリ、スペアミントなどさまざまな香辛料をミックスしたもの。

【作り方】

①梅を鍋に入れ、覆うぐらいの水を張って中火で 20 分ほど煮る。
②漉《こ》す（種を取り除く程度で大丈夫）。
③それにフェンネル、イノンド、コリアンダーを混ぜてフードプロセッサーにかける。
④残りの材料と混ぜてフードプロセッサーにかける。

ტყემალი

ツケマリ

【材　料】

ヨーグルト…400 グラム
薄力粉…700 グラム
塩…少々
重曹…少々
ミックスチーズ…400 グラム
カッテージチーズ…100 グラム
バター…30 グラムと少々
植物油…少々
バター…少々

【作り方】

①ヨーグルトをボウルに入れ、薄力粉と少しずつ混ぜて生地を作る。適当なタイミングで塩と重曹を入れる。
②生地が十分混ざったら手でこね、1 時間発酵させる。生地は布をかぶせ、下にぬるま湯を張っておく。
③その間にミックスチーズ、カッテージチーズ、塩、溶かしたバター30グラムを混ぜ、パンの中に入れるチーズを作る。
④こぶし大の生地を取って延ばし、一回り小さいくらいのチーズを中に入れて丸めた後で円盤状に成形する。
⑤フライパンに植物油を引き、中火で生地を焼く。生地をフライパンに敷いた後で、生地をもう一度やさしく押して薄く延ばす。
⑥片面が焼けたらひっくり返し、さらに 2 分ほど焼いて、生地の白く残った部分にバターを塗っていく。

იმერული ხაჭაპური

イメルリハチャプリ

【材　料】

鶏肉…600 グラム
タマネギ…1/2 個
ニンニク…4〜5 片
植物油…小さじ 1 杯
バター…40 グラム
塩…小さじ 1 杯
牛乳…400 ミリリットル
パプリカパウダー…大さじ 1 杯
コリアンダー…大さじ 1 杯
フェヌグリーク…大さじ 1 杯

【作り方】

①鶏肉を一口大に切り、植物油を引いて中火で焼く。焼き色がついたらみじん切りにしたタマネギを加えてさらに加熱する。
②別の鍋でソースを作る。バターとみじん切りにしたニンニク、塩を鍋に入れて火にかけ、ニンニクが色づいたら火を止めて牛乳とパプリカパウダー、コリアンダー、フェヌグリークを加えて混ぜる。
③ソースが完成したら鶏肉を入れ、ソースをよく絡める。

შქმერული
シュクメルリ

【材　料】

キャベツ…500 グラム
クルミ…200 グラム
タマネギ…1 個
ニンニク…2 片
フェヌグリーク…小さじ 0.5 杯
パセリ…小さじ 0.5 杯
コリアンダー（パクチー）…小さじ 0.5 杯
白ワイン…大さじ 2 杯
ザクロ…適量
塩コショウ…適量

（※キャベツをニンジンに変えると、ニンジンのプハリができます）

【作り方】

①鍋にお湯を沸かし、千切りにしたキャベツと小さじ 1 杯の塩を入れてキャベツが柔らかくなるまで 20〜25 分茹でる。
②茹でたキャベツをザルに上げ、冷やして食べやすい大きさに刻む。
③その他の材料を混ぜる。

ფხალი

プ ハ リ（キャベツのプハリ）

【材　料】

ナス…500 グラム
クルミ…200 グラム
ニンニク…2 片
フェヌグリーク…小さじ 1 杯
紅花（香辛料）…小さじ 1 杯
青唐辛子…小さじ 1 杯
水…60 ミリリットル
白ワインビネガー…大さじ 3 杯
オリーブオイル…適量
ザクロ…適量
塩…少々

【作り方】

①クルミとニンニクをフードプロセッサーにかけてボウルに入れ、フェヌグリーク、紅花、青唐辛子、水、塩、白ワインビネガーを加えて混ぜる。
②洗ったナスを一本あたり 4〜5 枚に縦にスライスし、フライパンに油を引いてナスの両面に焼き目をつける。
③焼いたナスをキッチンペーパーに乗せて油を取り、一枚一枚に①を乗せて真ん中で折り曲げ、挟み込む。その上にも①を乗せる。
④お好みでハーブやザクロを盛り付けて完成。

ბადრიჯანი

バドリジャーニ

【材　料】

〈生 地〉

小麦粉…500 グラム
卵白…卵 1 個分
水…200 ミリリットル
塩…少々

〈中 身：肉の場合〉

合い挽き肉…500 グラム
ニンニク…2 片
タマネギ…1 個
唐辛子…小さじ 1 杯
パセリ…10 グラム
コリアンダー
（パクチー）…10 グラム
塩コショウ…適量

〈中 身：キノコの場合〉

キノコ…500 グラム
ニンニク…2 片
タマネギ…1 個
コリアンダー
（パクチー）…10 グラム
バター…大さじ 2 杯
塩コショウ…適量

【作り方】

①小麦粉に窪みを作って卵白を落とし、水に塩を溶かしてゆっくりと注いで混ぜ、よくこねる。
②生地をよく伸ばして均一に等分する。このとき、生地がくっつかないように注意する。
③生地を冷蔵庫で 30 分冷やした後、2～3 回こねる。
④肉あるいはキノコとニンニク、タマネギ、パセリ、コリアンダーをミートグラインダーにかけ、塩コショウや唐辛子を加えてタネを作る。
⑤生地を 80 グラムずつ切り分けて 1.5 ミリの厚さに延ばし、大さじ 1 杯のタネを乗せて包み込む。
⑥フライパンで弱火にかけ、8 分間両面を焼く。あるいはオーブンの中火で 15～18 分間焼く。
⑦バターを乗せて完成。

ხინკალი

ヒンカリ

【材　料】

豚肉…500 グラム
ジャガイモ…300 グラム
タマネギ…1 個
ローリエ…2 枚
コリアンダー（パクチー）…小さじ 0.5 杯
油…小さじ 1 杯
白ワイン…60 ミリリットル
サワークリーム…適量
トマトペースト…適量
お酢…適量
塩コショウ…適量
水…30 ミリリットル

【作り方】

①豚肉は中くらいのキューブ状にカット、タマネギは薄い輪切りにしてボウルに入れ、混ぜる。
②それにローリエ、コリアンダー、サワークリーム、トマトペースト、白ワイン 10 ミリリットル、お酢、塩コショウを加えてよく混ぜ、ボウルに蓋をして冷蔵庫で 12 時間マリネする。
③ローリエ以外を取り出して 10 分間弱火で熱したのち、白ワイン 50 ミリリットルと水 30 ミリリットルを加えて時々かき混ぜる。水分が飛んだら、頻繁にかき混ぜながら 3 分間さらに加熱する。
④ジャガイモの皮をむいて小さなキューブ状にカットし、別のフライパンに油を引いてジャガイモを入れ、カリカリになるまで強火で 10 分間炒める。
⑤タマネギを薄くスライスし、豚肉とジャガイモと合わせて完成。

ოჯახური
オジャクリ

【材　料】

クルミ…500 グラム
ハチミツ…350 ミリリットル
砂糖…100 グラム

【作り方】

①クルミをフライパンに乗せてオーブンに入れて加熱する。焦げないように時々かき混ぜ、皮がむけ始めたらオーブンから取り出して冷まし、皮をむいてクルミを刻む。
②ハチミツを鍋に入れて弱火にかける。泡が出てくるまで、10 分間ほど熱しながらかき混ぜ続ける。泡が出てきたところで火を止め、しばらくしてからまた弱火にかけて泡が出るまで加熱し……と、合計 3 回繰り返したところで火からおろし、冷水を張ったボウルにハチミツを入れて固め、生地のようにする。
③ハチミツに砂糖を加えてしばらく置き、加熱したクルミを入れて絶え間なく混ぜ続ける。5〜10 分経ったら濡れたまな板の上に乗せ、スプーンで約 7 ミリの厚さに素早く伸ばす。
④ナイフで好きな形にカットし、ベーキングシートで覆って涼しい場所で保存する。このときゴジナキを重ねないように注意する。

გოზინაყი
ゴジナキ

あとがき

ここまで大変長らくお付き合いいただきありがとうございます。

改めて、ジョージア大使のティムラズ・レジャバです。ジョージアはいかがだったでしょうか？　失礼しました。この本を読んで、もしかしたらジョージアに行ったような気持ちになったかもしれませんが、本当の旅はこれからです。この本が、みなさまのジョージア旅行のより良い思い出づくりのきっかけとなれば幸いです。そのような思いでこの本を出版しました。

余談になりますが、もう一つ私がここに込めた思いがあります。

誰もがいうことかもしれませんが、私も若輩ながら、この世の中をもっと良くしたいと思っています。

このような気持ちを芽生えさせてくれたのが、ジョージアという存在です。あるいはその気持ちが芽生える過程で、母国ジョージアという存在が手がかりとなっていったのかもしれません。いずれにせよ、ジョージアが長い歴史という脈のなかで培ってきた文化やアイデンティティに、人類をより良くしていくための答えがある、私はそう思ってやみません。

いや、ジョージアだけではなく、世界には多くの貴重な文化がまだまだ眠っています。日本の文化の中にも、きっと忘れかけている、あるいは普段なかなか意識が届かない無形の要素がたくさんあるでしょう。そのようなものの再発見こそ、この先の人類の歩みのヒントになるでしょう。何せ、私たち人間の体が食べ物を必要とするように、心も文化の養いを必要としています。それはごく自然なことです。

私は、そのような文化や歴史的な経験という、ある意味では経済や政治よりももっと人間の根底にある分野でこそ、ジョージアと日本の交流に計り知れないレベルの新たな可能性があると考えております。両国ともに、距離が離れていながらも、それぞれがあまりに立派な文化を持つ国同士です。これらの文化は、胸を張って世界に誇れるものです。だからこそ、互いの存在を認め合うことに極めて大きな意義を感じております。そのような少し永遠《とわ》な目標を私は日頃の活動の軸にしております。両国の物理的な距離はいつもネガティブに捉えてしまいがちですが、今日はなぜか遠いからこそ確認できる人々の本質が伺えた気がしました。

みなさまも、拙書を読んでいく中でジョージアと日本の共通点を多々感じたのではないでしょうか。そしてそれと同時に、多くの違いも汲み取ったことでしょう。そんなジョージアと日本のはざまを彷徨う気持ちは、私が日本で外交官として、あるいはジョージアの一《いち》プロモーターとして過ごす日常の不思議な心理状態に最も近い感覚かもしれません（笑）。

とにかく、何よりジョージアについて日本の多くのみなさまに知ってもらいたい気持ちでこのような本の入り口に立ちましたが、実はこのような無意識な思いが裏口にあったということを、結びに付け加えさせていただきました。この本が何を生むか、あなたの活動が何になるのか、それは長い時間が経った時にのみ分かってくるのかもしれません。

最後になりますが、ジョージアと日本の関係は、本当に多くの皆様の弛《たゆ》みない、そして見返りを求めない純粋な努力によって支えられています。その土壌の上で遮二無二《しゃにむに》仕事ができる私は、この上なく恵まれているでしょう。改めて、私が両国の関係に少しでも役に立ったと認められたい志を噛み締めて、みなさまに心からお礼を申し上げます。

大使《たいし》が語《かた》るジョージア

観光《かんこう》・歴史《れきし》・文化《ぶんか》・グルメ

二〇二三年一月二四日 第一刷発行
二〇二三年一〇月一七日 第三刷発行

著者 ティムラズ・レジャバ、ダヴィド・ゴギナシュヴィリ

発行者 太田克史《おおたかつし》
編集担当 片倉直弥《かたくらなおや》
装画 トマトスープ

アートディレクター 吉岡秀典《よしおかひでのり》（セプテンバーカウボーイ）
デザイナー 榎本美香《えのもとみか》
フォントディレクター 紺野慎一《こんのしんいち》
校閲 鷗来堂《おうらいどう》

発行所 株式会社星海社
〒一一二-〇〇一三
東京都文京区音羽一-一七-一四 音羽YKビル四階
電話 〇三-六九〇二-一七三〇
FAX 〇三-六九〇二-一七三一
https://www.seikaisha.co.jp

発売元 株式会社講談社
〒一一二-八〇〇一
東京都文京区音羽二-一二-二一
（販売）〇三-五三九五-五八一七
（業務）〇三-五三九五-三六一五

印刷所 TOPPAN株式会社
製本所 株式会社国宝社

ISBN978-4-06-530310-8
Printed in Japan

246
SEIKAISHA SHINSHO

次世代による次世代のための

武器としての教養
星海社新書

星海社新書は、困難な時代にあっても前向きに自分の人生を切り開いていこうとする次世代の人間に向けて、ここに創刊いたします。本の力を思いきり信じて、**みなさんと一緒に新しい時代の新しい価値観を創っていきたい。若い力で、世界を変えていきたいのです。**

本には、その力があります。読者であるあなたが、そこから何かを読み取り、それを自らの血肉にすることができれば、一冊の本の存在によって、あなたの人生は一瞬にして変わってしまうでしょう。**思考が変われば行動が変わり、行動が変われば生き方が変わります。**著者をはじめ、本作りに関わる多くの人の想いがそのまま形となった、文化的遺伝子としての本には、大げさではなく、それだけの力が宿っていると思うのです。

沈下していく地盤の上で、他のみんなと一緒に身動きが取れないまま、大きな穴へと落ちていくのか？　それとも、重力に逆らって立ち上がり、前を向いて最前線で戦っていくことを選ぶのか？

星海社新書の目的は、**戦うことを選んだ次世代の仲間たちに「武器としての教養」をくばることです。**知的好奇心を満たすだけでなく、自らの力で未来を切り開いていくための〝武器〟としても使える知のかたちを、シリーズとしてまとめていきたいと思います。

2011年9月

星海社新書初代編集長　柿内芳文

SEIKAISHA SHINSHO